KB197849

서울법대
법학총서
20

채권자취소권의 연구

김형석

박영사

머리말

이 책은 필자가 채권자취소권에 대하여 쓴 글들을 모아 한 권의 책으로 구성한 것이다. 이전과 마찬가지로, 공간된 논문을 단순히 모은 것이 아니라 이 주제에 대한 체계적인 단행 연구서가 될 수 있도록 편집과 수정을 가하였다. 바탕이 된 글들은 비교적 단기간에 일관된 구상 하에서 작성된 것이었기에, 이를 모아 하나의 모노그라프로 만든 일은 학술적으로 의의가 있다고 생각된다. 다만 여기에서도 인용된 문헌을 모두 최신의 판본으로 업데이트하는 작업은 그 수고에 비하여 의미가 크지 않다고 판단하여 하지 않았다. 다만 이후 공간된 재판례에서 중요한 것을 본문에 반영하였다.

필자는 언젠가부터 채권자취소권의 현황에 직면하여 상당한 정신적 고통을 느껴 왔다. 제1장의 문제 제기에서도 언급하고 있는 "성공적이지 못한 법형성과 그 이면에 있는 학설의 무기력"이 우리 민법학과 민사실무의 어떤 약점을 드러내 보이고 있다고 느꼈기 때문이다. 그러나 필자 자신에게 당장 이러한 불만족스러운 상태를 타개할 만한 좋은 아이디어가 없었기에, 채권자취소권은 계속해서 필자에게 당혹과 자책을 일으키는 원인이었다. 그러던 중 2019년 법학전문대학원에서 「독일사법」이라는 강의를 담당하면서 하나의 비교 대상으로 채권자취소권을 고르고 그 준비를 위해 독일 문헌을 읽는 과정에서, 필자는 채권자취소권과 관련해서도 비교법학에서 배울 수 있는 사고의 단서를 많이 놓치고 있었다는 사실을 깨달았다. 그리고 이후 프랑스 문헌을 살펴보며 이를 다시 확인할 수 있었다. 이때 받은 자극은 이후 머리에 남아 우리 민법을 토양으로 하여 싹을 틔우고 뿌리를 내렸으며, 지금 여기 수록된 내용으로 성장하였다.

이 책에서 제안된 주장과 그 근거에 대해서는 찬반양론이 있을 수 있을 것이다. 그러나 적어도 그동안 우리 학계와 실무의 논의에서 반복되었던 내용과는 다른 새로운 관점에서 채권자취소권에 관한 해석 및 입법에 접근하고 있다는 사실은 자부하고 싶다. 그리고 적어도 필자는 이 책의 제안에 따를 때 우리 학설과 판례를 괴롭히고 있는 채권자취소권에 관한 다수의 문제들이 설득력 있게 해결될 수 있다고 확신한다. 부디 이 책이 다른 법률가들의 이해와 공감을 얻을 수 있기를 희망할 뿐이다.

2025년 1월

김 형 석

* 이 저서는 서울대학교 법학연구소의 2024학년도 단행본 종합저술(모노그라프) 지원을 받았음(서울대학교 법학발전재단 출연).

인용에 관한 범례

1. 문헌의 인용은 참고문헌 목록의 각 문헌 뒤에 주어진 축약에 따라 인용한다.

2. 별도의 법률 명칭의 지시 없이 인용하는 규정은 민법의 규정이다. 특별법과 외국의 법률은 법률명을 명시적으로 지시하여 인용한다. 그 밖의 법률은 아래의 약어로 인용한다.

국징	국세징수법
도산	채무자회생 및 파산에 관한 법률
담보	동산·채권 등의 담보에 관한 법률
민집	민사집행법
법조	법원조직법
신탁	신탁법

3. 우리나라의 재판례는 선고법원, 판결/결정 여부, 선고일자, 사건번호, 출전의 순서로 표기하여 인용한다. 외국의 재판례는 그 나라에서 일반적으로 통용되는 방법에 따른다.

4. 인용문에 있는 [ ] 안의 생략이나 보충은 별도의 지시가 없는 한 필자의 생략이나 보충이다.

이 책은 필자가 공간한 다음의 논문을 기초로 재구성되었다.

사해행위의 판단 기준에 관한 시론 (사법 제58호, 2021)
채권차취소권의 행사와 효과에 관한 관견 (저스티스 제183호, 2021)
채권자취소권의 개정 방향 (민사법학 제99호, 2022)

목차

제1장 문제의 제기

제2장 사해행위 개념의 재구성

제3장 채권자취소권의 행사와 효과

제4장 채권자취소권의 개정 방향

제5장 요약과 개정 제안

제1장

문제의 제기

문제의 제기

I. 도입

1. 성공적인 법형성의 표지

법원이 재판 작용을 통해 법을 형성해 나간다는 사실은 오늘날 더 이상 의문시되지 않는다. 물론 법률의 내용을 발견·실현하는 법적용과 법률이 흠결·불충분·불합리한 경우 법원이 규범을 창출해 내는 법형성을 구별하여, 뒤의 경우에만 재판에 의한 법의 형성이라고 말하는 것이 일반적이기는 하다.[1] 그러나 단순히 법을 적용하는 것으로 보이는 앞의 경우에도 규범목적을 구체화하여 의문이 있는 규범 내용을 명백하게 하는 과정이라는 점에서 일정한 형성적 작용을 말할 수 있다.[2] 그러한 의미에서 양자의 경계가 반드시 명확하지 않은 경우도 빈번하다.[3] 이는 규범의 절대적인 분량이 많다고 할 수 없고 규율 내용과 스타일이 비교적 소략한 편인 우리 민법의 해석에서 특히 그러할 것이다.

---

1) 이상영·김도균, 245면 참조.
2) 라렌츠, 197-198면 참조.
3) 실제로 엄밀한 구별은 불가능할지도 모른다. Esser, Vorverständnis, S. 178ff.

모든 인간사가 그러하듯, 법형성도 성공적일 수 있으나, 그렇지 않을 수
도 있다. 법형성이 어떠한 모습을 보일 때 성공한 것인지의 물음은 별도의
고찰이 필요한 법이론적 쟁점일 것이다. 그러나 여기서 잠정적으로 라렌츠
의 분석에 따라 살펴본다면 성공적인 법형성에서는 ① 전형적인 사안들에
적용될 수 있는 규칙이 세워져야 하고, ② 그 규칙의 요건과 효과가 단순한
결단을 넘어 법원리적인 내용을 실현한다는 의미에서 법적인 고려에 근거
지워져야 하며, ③ 그러한 규칙이 주어진 전체 법질서 체계에 자연스럽게
편입될 수 있어야 한다.4) 환경책임에서 증명책임의 완화, 이행기전 이행거
절, 대상청구권, 제조물책임, 소멸시효의 남용 등 우리 재판례에서 이러한
성공적 법형성의 모습을 보이는 예가 많이 발견되고 있음은 물론이다. 그리
고 이러한 판례 법리들이 학설과 실무의 생산적인 교류를 배경으로 하고 있
었다는 사실도 특기할 만하다.

2. 채권자취소권의 경우

(1) 반면 성공적이지 못한 법형성과 그 이면에 있는 학설의 무기력, 즉
앞서 언급한 요소들의 일부 또는 전부를 결여하고 있는 법형성 및 그와 관
련된 부실한 도그마틱의 예를 찾아볼 때, 가장 유력한 후보로서 채권자취소
권(제406조)에 관한 현재 상황을 들 수 있다는 점에 이의를 제기할 법률가
는 아마도 많지 않을 것이다. 경제 위기로 인하여 폭발적으로 증가한 사해
행위 취소 사건을 배경으로5) 이루어진 학설과 판례의 대응은 이제 개관하
기 어려운 개별구체적 판단들의 비체계적 집적으로 귀결되었다고 해도 과
언이 아니다.

(2) 관련해 앞서 언급한 법형성의 평가라는 관점에서 특히 다음의 두 가

---

4) Larenz, S. 13.
5) 그 원인에 대한 분석으로 우선 전원열, "설계", 177면 이하 참조.

지 측면이 언급될 수 있을 것이다.

첫째로, 재판례에서 사해행위가 긍정되거나 부정될 때, 그 근거로 어떠한 평가요소가 작용하는지 명백히 드러나지 않은 경우가 많았다. 그 결과 일반화하여 표현할 수 있는 일관된 규칙을 발견하기 쉽지 않았을 뿐만 아니라, 기존 통설에서 이루어지던 설명과의 접점들이 점차 상실되어 갔다(제2장 I. 1., 2. 참조). 게다가 학설에서 이러한 현실을 직시하여 다양한 재판례를 분석함으로써 새로운 규칙을 적출하고 비판적으로 음미하는 작업은, 필자가 과문해서인지 모르나, 아직 충분하다고 말하기 어렵다.

둘째로, 채권자취소권의 효과와 관련해 판례가 인정하는 상대적 효력의 문제점이 일련의 모순되는 재판례에서 점점 더 두드러지게 나타났다. 일찍이 우리나라에서 일본 학설과 연동하여 종래 상대적 효력설을 비판하는 견해가 등장하였을 때6) "법적 성질"에 관한 그러한 "이론적" 논쟁이 실무에 대해 가지는 직접적 의미는 미미한 것으로 보였다(제3장 I. 1. (1) 참조). 그러나 사해행위 취소 사건의 증가에 상응하여 다양한 사례가 다투어지면서, 상대적 효력이 가지는 난점은 실무에서의 일관된 해결을 저해하는 정도에까지 이르렀다고 보인다(제3장 I. 1. (2) 참조).

(3) 이러한 불만스러운 전개의 배경에는 물론 민법 규정의 입법적 태도도 함께 작용하였다고 말하지 않을 수 없다. 이에 대해서는 관점에 따라 다양한 분석이 가능할 것이지만, 대표적인 몇 가지를 살펴보면 다음과 같을 것이다.

첫째, 근본적인 원인으로서 채권자취소권의 요건과 효과를 정하는 제406조 자체가 상당히 포괄적이고 추상적인 개념을 사용하고 있다. 예컨대 "채권자를 해함"이 어떤 사태를 지시하는지, "취소"의 법률관계는 민법 일반의 취소와 같은 것인지(제141조 참조) 아니면 다른 무엇을 의미하는지, 제406조에 따른 청구의 상대방은 과연 누구인지 등 핵심적인 내용이 문언 자체로부

---

6) 예컨대 김형배, 386면 이하 참조.

터 명백하지 않다. 그러므로 제406조는 일반규정에 가까운 모습으로 나타
난다.[7] 그 결과 법률관계가 규범 자체로부터 어느 정도 명확하게 도출되는
것이 아니라, 넓은 범위에서 학설과 실무의 해석에 의지해 비로소 구체화될
수밖에 없었다. 그런데 기존 통설과 판례의 해석에는 아쉬운 점이 없지 않
았다. 이는 특히 바로 앞서 지적한 법형성의 측면에서 두 가지 사항에서 그
러하다.

둘째, 제406조 제1항은 사해행위로 일탈한 재산의 수익자와 전득자의 악
의를 추정하고 있다. 이것이 종래 통설과 판례의 해석이나,[8] 그 결과로 사
해행위의 성립이 비교적 쉽게 인정될 가능성이 증가하고 이로써 거래 안전
을 위협하는 결과가 나타나게 되었다. 조금 과장해 부동산 중개사무소에서
"급매"로 나온 주택을 유리하게 구입하는 매수인은 이후 사해행위 취소소
송에 말려들 가능성을 통상 염두에 두고 있어야 한다고 말하여도 반드시 어
색하지 않은 상황이라고 말할 수 있었다.[9] 먼저 채권 실현을 도모한 채권
자보다 나중에 사해행위 취소를 시도하는 채권자가 유리하게 되는 불합리
도 ―특히 아래 세 번째 사항과 결합하여― 발생한다.[10] 물론 이러한 문제
를 직시해 증명책임을 달리 해석하는 견해도 주장되고 있었지만,[11] 제406

---

7) 개정 전 일본 민법 제424조와 관련해 平井, 283면도 참조.

8) 우선 주석 채총(2), 439면(이백규) 참조.

9) 그러한 의미에서 매매계약 당사자 사이에 친인척관계나 거래관계가 없어 채권채
   무관계나 재산상태 등에 관하여 알기 어려운 상태였고, 매매대금의 지급 등 계약
   의 이행이 정상적으로 이루어지는 등의 제반 사정상 사해행위의 수익자와 전득자
   가 각 매매계약 체결 당시 선의라고 봄이 상당함에도 불구하고 악의의 추정이 번
   복되지 않는다고 한 원심을 파기한 大判 2010.2.11., 2009다80484, 공보 2010,
   549는 그러한 하급심의 경향에 제동을 걸기 위한 조치였다고 보인다.

10) 전원열, "비판", 207면, 226면 이하. 물론 이는 정도의 차이는 있지만 우리와는
    다른 규율을 가진 법제에서도 등장하는 쟁점이다. 그러한 "역할 교체"에서 발생하
    는 난점을 피하기 위해 채무자에 대한 관계에서 그 자신이 사해행위 취소의 요건
    이 충족할 수 있었을 채권자에게는 채권자취소권을 부정해야 한다는 해석 등에
    대해 Koziol, S. 25f., 70f. 참조.

11) 논의 상황에 주석 채총(2), 439면(이백규) 참조.

조 제1항의 규정 형식에 부합하지 않는다는 점을 부정하기는 쉽지 않았다.12)

셋째, 제407조는 채권자취소의 효력을 취소채권자 아닌 채무자의 다른 일반채권자에 확장하고 있으나, 이 규정에 대해서는 비판이 제기되고 있다. 반환할 재산의 성질에 따라 법률관계가 달라질 뿐만 아니라 취소 비용을 취소채권자만이 부담하는 불합리가 있으며,13) 결과적으로 취소의 범위가 넓어지게 됨으로써 수익자 또는 전득자에게 불리하여 거래의 안전을 해한다는 것이다.14) 그러나 동시에, 민법은 채권자취소에 따라 취소채권자뿐만 아니라 다른 일반채권자도 회복된 재산으로부터 만족을 받을 수 있게 구상하고 있음에도, 기존 실무는 중대한 예외를 인정하고 있었다. 즉 동산 특히 금전이 원상회복되어야 하는 경우 취소채권자는 이를 자신에게 직접 인도할 것을 청구할 수 있으며, 이때 취소채권자는 수령한 금전을 채무자에게 반환할 채무가 있지만 이를 수동채권으로 하여 상계함으로써 사실상 우선변제를 받을 수 있고, 그 과정에서 다른 채권자들은 취소채권자에 대하여 안분액의 지급을 구할 수도 없다는 것이다. 그리고 그 과정에서 "가액배상금을 수령한 취소채권자가 […] 사실상 우선변제를 받는 불공평한 결과를 초래하는 경우가 생기더라도 […] 해석상으로는 불가피"하다고 한다.15) 이러한 해석에 대해서는 비판이 있었지만,16) 기존 실무는 입법이 없는 이상 다른 취급을 해석상 무리라고 판단해 받아들이지 않고 있었다.

---

12) 전원열, "설계", 185면.
13) 최준규, "경제적 분석", 90면 이하.
14) 제철웅, 63-64면.
15) 大判 2008.6.12., 2007다37837, 공보 2008, 965.
16) 우선 이계정, "제407조", 476면 이하; 이우재, 410면 이하; 하현국, 87면 이하 등 참조.

3. 연구의 필요성

이러한 상황을 돌이켜볼 때, 이론과 실무의 난맥상을 개선하기 위한 입법
론적 제안들이 다수 행해지고 있음은 전혀 놀랄 만한 일이 아니다.[17] 그러
나 이러한 입법론의 개별적 당부는 별론, 현재 상황과 입법 실무에 비추어
비교적 예상가능한 빠른 시일 안에 입법으로 채권자취소 제도가 개혁될 것
을 기대하기 어려운 것은 사실이다. 그렇다면 여기서 언제 있을지 모르는
입법을 기다리며 여러모로 만족스럽다고 하기 어려운 법상태를 마냥 감수
해야만 하는 것인지의 질문이 제기될 수밖에 없다. 문제를 근본적으로 해결
하는 입법을 기다리기 이전에, 학설과 실무가 기존의 해석론에 안주하지 않
고 새로운 방향을 타개하고자 시도하여 가능한 한도에서 문제를 개선해 볼
수는 없겠는가? 우리 학설은 채권자취소권과 관련해 이러한 과제를 잊고 많
은 재판례들을 따라가며 개별적 논평을 하는 작업에 그치지 않았는가? 확고
한 실무에도 불구하고 생각해 볼 수 있는 이론적 가능성을 신중하게 탐색하
는 일이야말로 학계의 책무가 아니겠는가? 이 책은 이러한 (스스로에 대한 반
성을 포함해 필자로서는 절박한) 문제의식에서 출발한다. 그리고 이러한 질문
에 대해 진지한 해답이 추구되지 않는다면, 이후에 있을 수 있는 입법론적
인 개선 역시 방향키를 놓치고 표류할 수밖에 없을 것이다.

II. 이 책의 주제와 구성

이 책은 앞서 살펴본 채권자취소권의 현황에 대한 문제점에 대해 이론적
으로 대응하고자 하는 연구이다. 제2장과 제3장은 현행 민법 규정을 전제로
새로운 해석론을 제안함으로써 기존의 관행에서 벗어나 보다 합리적이고

---

17) 입법론을 주제로 한 문헌으로 우선 윤진수·권영준, 503면 이하; 김재형, "개정
 안", 43면 이하; 서호준, 29면 이하; 이순동, "연구", 196면 이하; 제철웅, 57면 이
 하; 전원열, "설계", 185면 이하 등 참조.

설득력 있는 결과에 이르고자 하는 시도이다. 그중 제2장은 사해행위의 개념 요소들을 재구성하여 채권자취소권의 적용에 보다 설득력 있는 설명의 틀을 부여하고자 하며, 이로써 무엇보다 설명력을 상실한 통설에 갈음하여 재판례를 보다 정합적으로 설명할 수 있는 관점을 탐색하고자 한다. 이어지는 제3장은 통설·판례인 상대적 효력설이 가지는 난점을 해결하기 위한 새로운 접근법을 도모하는데, 채권자취소권의 성질을 새롭게 이해하여 종래 판례 법리에 있는 모순점을 제거하는 작업이 추구된다. 이에 대해 제4장은 개정 방향에 대한 입법론적인 연구로, 채권자취소권의 운용에서 나타나는 문제점들을 입법론적인 개선을 통해 해결할 수 있는 방안을 살펴본다. 제5장은 본문의 내용을 요약하며 마무리 한다.

이 책에서 개진되는 내용은 기존 학설의 익숙한 풍경을 떠나 새로운 길을 발견하고자 한다는 점에서 하나의 시론적인 메모에 지나지 않는다. 기존의 확고한 통설·판례와는 다른 길을 모색해 보고자 하는 이러한 시도는 어쩌면 이론적으로 무리가 있을 수 있고, 실무적으로도 그 관철을 기대하기 어려울지도 모른다. 그러나 채권자취소권에 관한 현재의 법상황을 막연히 관망하며 언제 있을지 모르는 입법만을 준비 없이 기다리는 것이 학설의 올바른 자세라고 말하기는 어려울 것이다. 이 책이 최소한 새로운 해석의 탐색과 입법의 준비를 시작하자는 의미에서의 호소로 받아들여지기를 희망한다.

제2장

사해행위 개념의 재구성

사해행위 개념의 재구성

I. 사해성 판단에 관한 통설과 재판례 사이의 괴리

1. 사해성 판단에 관한 기존 설명

종래의 통설은 사해행위의 핵심적 요소인 "사해성"과 관련해 객관적 사해성과 주관적 사해성을 구별하여 양자가 모두 충족되는 경우 채무자의 행위가 사해행위가 된다고 설명하고 있었다. 그에 따르면 객관적 사해성은 적극재산을 감소시키거나 소극재산을 증가시켜 소극재산의 총액이 적극재산의 총액을 넘어 채무초과 또는 무자력이 되거나 그것이 강화되는 사태를 지시한다.[1] 반면 주관적 사해성은 채무자가 자신의 행위가 그러한 객관적 사해성을 가지고 있음을 알고 있음을 의미하며, "사해의 의사"라는 표현이 사용되는 경우도 있으나 적극적인 의사일 필요는 없고 소극적 인식으로 충분하다고 한다.[2] 그러므로 이러한 설명에 따를 때 채무자의 법률행위로 인하

---

1) 곽윤직, 143면; 김상용, 245면; 김증한·김학동, 196면; 송덕수, 258면; 이덕환, 292면; 이순동, 187-190면; 장재현, 227면; 조해섭, 106면; 주석 채총(2), 381면 (이백규) 등.

2) 곽윤직, 147면; 김상용, 248면; 김증한·김학동, 202-203면; 송덕수, 275면; 이덕환, 305면; 이순동, 228면; 장재현, 231면; 조해섭, 144면; 주석 채총(2), 434면

여 채무초과 상태가 창출·강화되는 동시에 채무자가 이런 사정을 알고 있
다면 행위의 사해성은 긍정된다. 판례도 일반론에서는 이러한 통설과 입장
을 같이 한다.[3]

2. 이원적 기준과 재판례 사이의 괴리

(1) 그러나 공간된 대법원 재판례들의 실상을 살펴보면, 이러한 통설과
판례 일반론의 이원적 기준은 책에 쓰여 있는 법리(law in books)에 그칠
뿐, 실무상 현실적으로 행해지는 판단의 모습(law in action)과는 현저하게
괴리되어 있는 것으로 관찰된다. 몇 가지 대표적인 사안 유형을 통해 살펴
본다.

(가) 종래 통설에 따르면 채무자의 변제는 사해행위에 해당할 여지가 없
어야 한다. 왜냐하면 변제에 의해 적극재산이 일탈하는 만큼 소극재산이 감
소하므로 객관적 사해성이라는 관점에서 재산 상태의 변동이 있다고 할 수
없고, 그러한 의미에서 채무초과의 발생·강화를 운위할 수 없기 때문이
다.[4] 그러나 이러한 관점은 재판례에서 존중되지 않는다. 물론 판례도 원칙
적으로 변제가 사해행위에 해당하지는 않는다고 판시한다.[5] 그러나 변제를
위한 급부로 채권을 양도하는 경우, 이제는[6] 원칙적으로 사해행위성을 인
정하고 예외적으로 이를 부정할 만한 사정을 입증하게 한다.[7] 또한 채무자
가 일부의 채권자와 공모하여 이들에게 우선적인 만족을 주기 위한 의도로
변제를 한 경우에는 사해행위에 해당한다고 한다.[8]

(이백규) 등.

3) 객관적 사해성의 기준으로서 무자력에 대해 大判 2001.4.27., 2000다69026, 공
   보 2001, 1244, 사해의 의사에 대해 大判 2009.3.26., 2007다63102, 공보 2009,
   547 등.
4) 예컨대 곽윤직, 144면; 김증한·김학동, 198면; 오시영, 212-213면.
5) 大判 2001.4.10., 2000다66034, 공보 2001, 1113 참조.
6) 예전에는 大判 1967.7.11., 67다847, 집 15-2, 166.
7) 大判 2011.10.13., 2011다28045, 공보 2011, 2342.

(나) 이러한 사정은 대물변제에서도 마찬가지다. 통설에 따르면 적정한 가격으로 대물변제가 이루어진 경우, 변제와 마찬가지로 객관적 사해성을 인정할 수 없어 사해행위를 부정할 수밖에 없다.9) 실제로 대법원도 처음에는 대물변제의 경우 원칙적으로 사해행위성을 부정하였다.10) 그러나 판례는 이후 상당한 대가에 의한 것이더라도 공모가 있거나,11) 유일한 재산이 대물변제로 제공된 경우12)에는 사해성을 인정하였고,13) 이제는 상당한 가격으로 인한 대물변제의 경우에도 원칙적으로 사해행위성을 시인하고 예외적으로 정당화하는 사정이 있을 때에 부정하는 것으로 보인다.14) 그리고

---

8) 大判 2001.4.10., 2000다66034, 공보 2001, 1113; 2004.5.28., 2003다60822, 공보 2004, 1065; 2005.3.25., 2004다10985,10992, 공보 2005, 654 등. 마찬가지로 무자력 상태의 채무자가 기존채무에 관한 특정의 채권자로 하여금 채무자가 가지는 채권에 대하여 압류 및 추심명령을 받음으로써 강제집행절차를 통하여 사실상 우선변제를 받게 할 목적으로 그 기존채무에 관하여 강제집행을 승낙하는 취지의 공정증서를 작성해 주어 채권자가 채무자의 그 채권에 관하여 압류 및 추심명령을 얻는 경우에는 공정증서 작성의 원인이 된 합의는 기존채무 이행에 관한 채무변제계약으로서 사해행위에 해당한다고 한다. 大判 2010.4.29., 2009다33884, 공보 2010, 978.

9) 예컨대 곽윤직, 144면; 김증한·김학동, 198면; 오시영, 215면.

10) 大判 1962.11.15., 62다634, 집 10-4, 229. 또한 大判 1981.7.7., 80다2613, 공보 1981, 14158. 한편 대가가 정당하지 않은 경우에 대해 大判 1996.5.14., 95다50875, 공보 1996, 1850.

11) 大判 1994.6.14., 94다2961,2978, 공보 1994, 1956; 1995.6.30., 94다14582, 공보 1995, 2543.

12) 大判 1996.10.29., 96다23207, 집 44-2, 299.

13) 다만 이 경우에도 채권자가 어차피 우선변제권이 있었다면 사해성이 없는 것으로 大判 2008.2.14., 2006다33357, 공보 2008, 364.

14) 大判 1990.11.23., 90다카27198, 공보 1991, 178은 방론으로 사해행위가 될 수도 있다고 하였는데("채무자들에게 다른 재산이 다소간 있다고 하더라도 그것이 […] 채무액 전액을 변제하고 남을 정도가 된다는 증명이 없는 한 사해행위가 성립"), 이 사건에는 유일한 재산이 문제된 예로 보아야 할 것이어서 판례의 변화를 감지하기 어려웠다. 大判 2010.9.30., 2007다2718, 공보 2010, 1967도 일반론으로 대물변제의 사해행위성을 인정하나, 여기서도 "유일한 재산인 전세권과 전세금반환채권"이 대물변제된 것이므로 마찬가지였다. 그러나 大判 2007.7.12., 2007다

그러한 예외로 대물변제가 궁극적으로 일반채권자를 해하는 행위로 볼 수 없는 경우에는 사해행위의 성립이 부정될 수 있다고 하면서, 채권자(수익자)가 다른 채무를 변제해 주는 조건으로 대물변제를 받았고 이로써 채권회수 절차 착수를 유예하였으며 "피고와의 거래관계를 유지하면서 새로이 판로를 개척하는 길만이 채무초과 상태에 있던 회사의 경제적 갱생을 도모하기 위한 유일한 방안이었던 것" 등을 고려하여 사해행위성을 부정하였다.[15]

(다) 통설의 설명은 물적 담보와 관련해 일찍부터 판례와 충돌하였다. 통설의 관점에 따르면 물적 담보 역시 객관적 사해성이라는 측면에서 변제와 달리 취급할 이유가 없으므로 사해성은 부정될 수밖에 없었다.[16] 그러나 판례는 물적 담보의 경우에도 원칙적으로 사해행위성을 인정해 왔다. 즉 채무초과상태에 빠져 있는 채무자가 유일한 재산인 부동산을 채권자들 중 1인에게 채권담보로 제공하는 행위는 다른 특별한 사정이 없는 한 다른 채권자들에 대한 관계에서 채권자취소권의 대상이 되는 사해행위가 된다고 하였고,[17] 이제는 더 나아가 보다 일반적으로 특정 채권자에게 부동산을 담보로 제공한 경우 반드시 유일한 부동산일 필요도 없다고 한다.[18] 이로써 물적 담보의 제공은 원칙적으로 사해행위에 해당한다는 것이 판례의 태도라고 말할 수 있다.

18218 (종합법률정보)은 대물변제의 경우에도 원칙적으로 사해행위가 된다고 하면서 "대물변제나 담보조로 제공된 재산이 채무자의 유일한 재산이 아니라거나 그 가치가 채권액에 미달한다고 하여도 마찬가지라고 할 것"이라고 하여 일반론으로는 입장을 명확히 하였다(大判 2009.9.10., 2008다85161, 종합법률정보 등도 참조).

15) 大判 2010.9.30., 2007다2718, 공보 2010, 1967.

16) 예컨대 곽윤직, 144면; 김증한·김학동, 198-199면; 오시영, 217-218면.

17) 大判 1986.9.23., 86다카83, 집 34-3, 59. 유일한 재산이 채권인 경우 大判 2007.2.23., 2006다47301, 공보 2007, 502. 이렇게 유일한 재산의 담보제공이 문제되는 경우에는 아래에서 살펴볼 차용한 금원의 사용처 등 채무자의 주관적 요소를 고려할 수 없다고 한다. 大判 2007.10.11., 2007다45364, 공보 2007, 1755.

18) 大判 2008.2.14., 2005다47106,47113,47120, 공보 2008, 360; 2000.4.25., 99다55656, 공보 2000, 1269.

그러나 채무자가 채무 변제를 위하여 자금을 융통하거나 사업을 계속하기 위하여[19] 부득이 부동산을 특정 채권자에게 담보로 제공한 경우에는 사해행위에 해당하지 않는다고 한다.[20] 다만 신규자금의 융통 없이 기존채무의 이행의 유예만을 목적으로 한 담보제공은 이에 해당하지 않는다고 한다.[21] 또한 수익자가 채무초과 상태에 있는 채무자의 부동산에 관하여 설정된 선순위 근저당권의 피담보채무를 변제하여 근저당권설정등기를 말소하는 대신 동일한 금액을 피담보채무로 하는 새로운 근저당권설정등기를 설정하는 것도 책임재산을 부족하게 하는 것이라고 볼 수 없어 사해행위가 성립하지 아니한다고 한다.[22] 마찬가지로 채무자가 제3자로부터 자금을 차용하여 부동산을 매수하고 이를 차용금채권의 담보로 제공하거나, 부동산을 매수하면서 먼저 소유권을 이전받아 매수인에게 매매대금채무의 담보로 제공하는 경우, 이는 책임재산의 감소가 없으므로 담보제공만을 분리하여 사해행위로 평가해서는 안 된다.[23]

(라) 비슷한 문제가 부동산 기타 재산의 매각에서도 발생한다. 매각행위가 무상으로 또는 지나치게 낮은 가격으로 이루어진 때에 사해행위가 된다는 것은 의문의 여지가 없다.[24] 문제는 채무자가 상당한 가격으로 부동산 내지 기타의 재산을 매각하는 경우이다. 통설에 따른다면 이때에도 적극재산의 일탈에 상응하여 같은 가치의 다른 적극재산이 채무자의 재산에 유입

---

19) 예컨대 계속적 거래관계에서 계속적인 물품공급 확보를 위한 경우로 大判 2011. 1.13., 2010다68084, 공보 2011, 338.

20) 大判 2001.5.8., 2000다66089, 공보 2001, 1350.

21) 大判 2009.3.12., 2008다29215, 공보 2009, 448; 2010.4.29., 2009다104564, 공보 2010, 1009. 부인권에 대해 大判 2011.5.13., 2009다75291, 공보 2011, 1125 참조.

22) 大判 2012.1.12., 2010다64792, 공보 2012, 253.

23) 大判 2017.9.21., 2017다237186, 공보 2017, 1976. 실제 사안은 재건축사업을 위해 사업시행자가 구분소유자들로부터 토지 지분 등을 양도받으면서 그 담보를 위해 양도인에게 매매예약 및 가등기를 해 준 경우이다. 또한 大判 2018.12.28., 2018다272261, 공보 2019, 386.

24) 大判 1998.5.12., 97다57320, 공보 1998, 1615.

되므로 객관적 사해성이 있다고 할 수 없고, 따라서 사해행위를 부정할 수
밖에 없다.25) 그러나 반면 대법원은 일찍부터 "채무자가 자기의 유일한 재
산인 부동산을 매각하여 소비하기 쉬운 금전으로 바꾸는 행위로 그 매각이
일부 채권자에 대한 정당한 변제에 충당하기 위하여 상당한 매각으로 이루
어졌다던가 하는 특별한 사정이 없는 한 항상 채권자에 대하여 사해행위가
된다"고 하여 '유일한 재산의 처분'이 문제되는 경우 사해행위성을 인정한
다.26) 다만 부동산의 매각 목적이 채무의 변제 또는 변제자력을 얻기 위한
것이고, 대금이 부당한 염가가 아니며, 실제 이를 채권자에 대한 변제에 사
용하거나 변제자력을 유지하고 있는 경우에는, 채무자가 일부 채권자와 통
모하여 다른 채권자를 해할 의사를 가지고 변제를 하는 등의 특별한 사정이
없는 한, 사해행위에 해당한다고 볼 수 없다고 한다.27)

(2) 이상과 같은 괴리에 직면하여 통설과 판례는 이를 어떻게 해명하고
정당화하는가? 결론부터 미리 말한다면, 이러한 괴리는 대부분 의식되지도
아니한다.

판례는 개별구체적 사안의 특수성에 직면한 제반사정의 고려를 강조함으
로써 일반론과의 괴리를 간단하게 무시하는 방법을 선택한다. 즉 "채무자가
책임재산을 감소시키는 행위를 함으로써 일반채권자들을 위한 공동담보의
부족상태를 유발 또는 심화시킨 경우에 그 행위가 채권자취소의 대상인 사
해행위에 해당하는지 여부는, 행위목적물이 채무자의 전체 책임재산 가운데
에서 차지하는 비중, 무자력의 정도, 법률행위의 경제적 목적이 갖는 정당
성 및 그 실현수단인 당해 행위의 상당성, 행위의 의무성 또는 상황의 불가
피성, 채무자와 수익자 간 통모의 유무와 같은 공동담보의 부족 위험에 대
한 당사자의 인식의 정도 등 그 행위에 나타난 여러 사정을 종합적으로 고

---

25) 예컨대 곽윤직, 145면; 김증한·김학동, 200면; 오시영, 223-224면.
26) 大判 1966.10.4., 66다1535, 집 14-3, 138; 1997.5.9., 96다2606,2613, 공보 1997, 1722.
27) 大判 2015.10.29., 2013다83992, 공보 2015, 1762.

려하여, 그 행위를 궁극적으로 일반채권자를 해하는 행위로 볼 수 있는지 여부에 따라 최종 판단하여야 한다."28) 이로써 판례의 일반론과의 접점은 발견할 수 없다. 실제로 모든 법적용이 개별구체적 사안을 둘러싼 제반사정을 섬세하게 고려해야 한다는 인식은 새삼 강조할 필요도 없이 당연한 것이다. 그런데 이러한 구체성의 강조가 사해성의 판단 기준으로 제시되고 있는이상, 제반사정의 고려가 과연 사해성에 관한 일반적인 해석론과 어떻게 연결되는지 즉 일반론은 이러한 제반사정의 고려의 과정에서 어떠한 모습으로 구현되는지의 질문은 필연적으로 제기될 수밖에 없다. 하지만 일련의 재판례에서 이러한 질문에 대한 해답은 간취되지 아니한다. 예를 들어 단적으로 통모 있는 변제에서 통모 사실은 객관적 사해성인 무자력과 관련되는가아니면 주관적 사해성인 인식과 관련되는가?

이러한 사정은 학설에서도 다르지 않다. 통설을 지지하는 문헌들은 여전히 객관적 사해성으로서 채무자의 무자력과 주관적 사해성으로서 채무자의인식에서 출발하면서, 이러한 기준으로 설명하기 쉽지 않은 재판례를 별다른 이론적 설명 없이 기존 체계에 부자연스럽게 외삽하여 서술하고 있다.29) 즉 개별 행위 유형의 사해행위성에 대한 "판례"가 카피 앤 페이스트되어 서술되고 있을 뿐, 출발점으로 제시한 이원적 사해성 기준과의 괴리에 대한문제의식이나 해명은 좀처럼 행해지지 않는 것이다.30) 그 결과 현재 사해

---

28) 예컨대 大判 2010.9.30., 2007다2718, 공보 2010, 1967; 2014.3.27., 2011다 107818, 공보 2014, 925 등.

29) 예컨대 송덕수, 262면 이하; 이덕환, 296면 이하; 이순동, 251면 이하; 조해섭, 165면 이하; 주석 채총(2), 401면 이하(이백규) 등 참조.

30) 물론 통설의 관점에서 그러한 문제의식을 보이는 문헌으로 예컨대 주선아, 207면이하 참조. 이에 따르면 "이원론은 법률요건을 명확히 파악하는 이론적 도구로서의미가 있다"고 하면서도, "이원론을 취하더라도 객관적 요건으로서의 사해성과주관적 요건으로서의 사해의사는 서로 밀접하게 관련되어 있고, 이를 명확히 구분하는 것은 쉽지 않다"고 한다(220면). 그러나 이 문헌은 이러한 인식으로부터 사해성 판단과 관련된 이원론 기준에 대해 어떤 설명이나 분석을 시도하는 것이 아니라, 바로 구체적인 제반사정 고려를 강조하는 모호한 서술로 회귀한다. 즉 "따라서 이원론에 따라 사해성과 사해의사를 개별적으로 판단함으로써 채권자취소권

행위 판단에 관한 교과서나 주석서의 서술은 일관된 논리를 찾기 어려운 혼란스러운 개별구체론(Kasuistik)에 머물고 있다고 평가할 수밖에 없다. 많은 법률가와 법학도가 채권자취소권을 개관하기 어려운 복잡한 소재라고 생각하는 것에는 나름의 정당한 이유가 있다고 생각된다.

(3) 그렇다면 통설이 채택하고 판례도 일반론으로 지지하고 있는 기준과 현실 재판례 사이에 이러한 괴리가 나타나게 된 원인은 무엇인가? 이는 무엇보다 우리 재판례에 적지 않은 영향을 주었다고 추측되는 일본 학설·판례의 동향을 살펴봄으로써 설명될 수 있다고 생각된다.

일본에서도 과거의 통설은 우리와 마찬가지로 사해성 판단에 이원적 기준을 채택하여, 객관적 사해성으로서 채무초과와 주관적 사해성으로서 채무자 인식에 따라 사해행위를 판단한다고 설명하고 있었다.31) 우리나라에서 종래의 통설과 판례의 일반론이 이러한 입장의 영향을 받은 것임은 명백하다. 그런데 이후 일본의 학설은 실제 재판례에서 행해지는 사해행위 판단의 모습을 살펴보면 그러한 이원적 기준은 적용되고 있지 않으며, 오히려 법원은 사해성과 관련된 객관적 사정과 주관적 사정을 상관적으로 고려하여 사해행위를 판단하고 있음을 발견하였다.32) 즉 그에 따르면 일본의 판례는 행위의 객관적 요인과 주관적 요인을 별도의 요건으로 파악하지 아니하고, 행위의 객관적 성질(행위가 책임재산을 감소하는 정도 내지 무상행위인지 여부 등)과 행위의 주관적 요소(채무자의 목적 내지 동기의 정당성, 공모 여부 등)를 상관적으로 고려하여 사해행위 여부를 결정하고 있었다고 한다. 이러한 판례의 태도는 상관관계설이라고 명명되었으며, 일본의 통설도 이러한 견해를

의 요건 해석의 명확화를 꾀하되, 양 요소 간의 유기적인 관계에 착안하여 채무자의 행위가 채권자취소권의 대상이 되는 행위인 사해행위에 해당하는지 판단하여야 할 것"이라는 것이다(221면). 그 결과 여기에서도 통설·판례의 이원론과 현실 재판례 사이의 괴리는 해명되지 않는다.

31) 대표적으로 我妻, 183면 이하.

32) 우선 下森, 171면 이하 참조. 이 책에 수록된 해당 논문은 원래 1972년에 공간되었다.

지지하게 되었다.[33]

그러므로 우리나라에서 통설과 현실의 재판례 사이에 벌어지는 균열의 근저에는, 우리 판례가 1990년대 후반 이후 다양한 사안 유형의 사건을 접하면서 점차 일본의 판례·학설의 영향 하에 상관관계설적인 태도로 사해행위를 판단하게 되었음에도 불구하고, 학설과 법원은 이러한 변화를 의식하지 못한 채 일반적으로 여전히 민법 시행 초기부터 견지하고 있었던 이원적 기준을 고수하고 있었다는 사정이 자리 잡고 있다고 말할 수 있다. 그렇다면 앞서 인용한 구체적 사정의 제반사정을 고려해야 한다는 대법원의 판시(주 28의 본문 참조)는 그러한 상관관계설적 태도가 정제되지 못한 모습으로 표현된 징후적인 서술에 다름 아닐 것이다. 그리고 이렇게 기준이 되는 관점이 사실상 변경되었음에도 불구하고 이를 인지하지 못하고 새로운 재판례를 예전 이원론으로 설명하고자 하는 문헌들이 일관된 논리 없이 단편적인 개별구체론으로 흐를 수밖에 없었다는 사실도 자연스럽게 이해된다.

이러한 배경을 염두에 둘 때, 우리나라에서 일부 문헌이 일본의 상관관계설에 따라 사해성을 판단해야 한다는 주장을 제기하는 것도 놀랄만한 일은 아니다.[34] 물론 주류적 견해는 여전히 기존 입장을 고수하고 있으며, 상관관계설적 관점을 채택하지는 않고 있다.[35]

3. 요약과 평가

지금까지 통설 및 판례의 일반론이 사해성 판단을 위해 사용하는 기준과

---

33) 전거와 함께 潮見, 136면 참조. 한편 개정법의 내용에 대해서는 신지혜, 69면 이하 참조.

34) 김형배, 410면; 이재열, 161면 이하.

35) 예컨대 김미리, 115-116면은 상관관계설에 의할 경우 "종래의 통설, 판례가 취하였던 이론틀과 요건론을 폐기해야만 하는 현실적인 문제가 있고"(!) "종래의 이론틀을 그대로 유지하면서도 당해 행위에 나타난 객관적, 주관적인 제반 사정을 그 판단자료로 삼아 사해행위인지 여부 또는 행위의 궁극적 사해성 여부를 판단할 수 있다"(?)고 한다.

현실 재판례의 모습 사이에 괴리가 존재하며, 실제 재판 활동은 상관관계설적 관점에 따르고 있으나 통설 및 판례의 일반론은 여전히 채무초과와 채무자의 인식이라는 이원적 기준을 고수하고 있다는 사실에 그 원인이 있음을 살펴보았다.

그렇다면 다음에 자연스럽게 제기되는 질문은 이러한 괴리를 해소하기 위해 사해행위 판단과 관련해 상관관계설을 채택해야 하는지 여부이다. 이는 바로 긍정할 수는 없다고 생각된다. 우선 출발점은 우리 재판례가 상관관계설적인 관점에서 책임재산에 영향을 미치는 객관적 사정과 채무자의 주관적 상태를 다양하게 고려하고 있다는 사실을 받아들이는 태도이다. 즉 판례가 상관관계설적 모습을 보이고 있다는 현상은 그대로 인정하고 이를 작업의 기초로 삼아야 한다는 것이다. 그러나 이러한 접근이 반드시 이론적 설명으로 상관관계설을 받아들여야 한다는 것을 의미하지는 않는다. 상관관계설은 주관적 요소와 객관적 요소를 상관적으로 고려해야 한다는 명제에서 출발하여 다양한 사정을 고려하고 있지만, 그들 사이의 관계에 대해 제도의 취지에 따른 이론적인 해명을 주고 있다고 말하기는 어렵기 때문이다. 실제로 상관관계설적 설명이 많은 경우 채권자취소권의 규범목적에 따른 분석이라기보다는 판례에 나타난 사태를 재서술하고 있는 것에 지나지 않는다는 인상을 주는 것도 그래서이다.[36] 예컨대 상관적으로 고려하여 통상의 변제는 사해행위가 아니지만 채권자와 통모가 있는 변제는 사해행위가 된다고 할 때, 우리는 문언에 반영되어 있지 않은 통모라는 채무자의 정신적 상태의 변화가 어떤 이유에서 제406조 제1항의 해석상 고려되어야 하는지를 해명해 줄 수 있어야 하는 것이다. 이는 상관관계설에서 고려되는 다양한 다른 사정들에 대해서도 마찬가지이다. 그러한 의미에서 상관관계설은

---

36) 실제로 상관관계설의 입장에서 사해행위취소 규정의 문언이 명확하지 않다고 하면서 "권리남용이나 신의칙의 해석과 같이 일종의 일반조항에서와 마찬가지로 판례 이론이 각종의 사정을 종합하여 판단하고 있는 것이 당연하다"고 하면서 "판결례를 기준으로 하면서 각종의 요인을 종합하여 요건을 구성해야 한다"는 平井, 283-284면 참조.

이원적 기준으로부터 벗어나기 위해 출발점이 되는 도구로서는 충분히 의미를 가질 수 있겠지만, 사해행위의 사해성 판단의 이론적 기준이라고 말하기는 어렵다고 생각된다.

그리고 더 나아가 제406조 제1항이 "채권자를 해함을" "채무자가 […] 알고"라는 문언을 채택함으로써 어쨌든 사해성의 객관적 측면과 주관적 측면이 있음을 표현하고 있다는 사실도 부정할 수는 없다. 종래의 이원적 기준이 객관적 사해성인 채무초과로서의 무자력과 주관적 사해성인 채무자 인식을 경직된 두 요건으로 요구함으로써 구체적 사안의 다양한 사정을 고려할 수 없었지만, 이는 기존 이원적 기준의 난점일 뿐이다. 그러한 사정이 다른 관점에 기초해 제406조 제1항의 문언과 규범목적에 따라 사해행위를 객관적 요소와 주관적 요소로 나누어 분석하는 시도를 부정할 이유는 되지 못한다.

그렇다면 해석론의 과제는 사해행위를 구성하는 객관적 사해성과 주관적 사해성을 새로이 해석해 상관관계설에 따라 내려진 판례의 결론을 설명할 수 있는 틀을 제안하는 것이어야 한다. 앞서 보았지만(제2장 I. 2. (1) 참조), 종래 통설의 이원적 기준은 한편으로 실제로 문제되는 대부분의 주요 사안 유형에서 객관적 사해성을 부정할 수밖에 없다는 난점을, 다른 한편으로 실무상 유의미한 채무자의 다양한 주관적 사정을 고려할 수 없다는 문제점을 가지고 있었다. 따라서 새로운 시도는 이러한 문제를 해결하는 방향으로 객관적 사해 요소와 주관적 사해 요소를 새로이 규정해야 한다. 그리고 아래 살펴보겠지만 그러한 과정에서 해석론은 채권자취소권과 관련해 공통의 유산을 가지고 있는 대표적인 대륙법 국가들의 경험으로부터 유용한 비교법적 시사를 받을 수 있다.

II. 사해성 판단에 관한 해석론적 제안

1. 두 개의 새로운 개념 규정과 하나의 새로운 개념

"사해성"의 해석론적 재구성은 객관적 사해성 및 주관적 사해성을 새로이 개념 규정하고, 이를 보충하는 새로운 개념 하나를 도입하는 것을 내용으로 한다.

(1) 객관적 사해성: 채권 만족을 저해하는 집행 가능 재산의 감소

(가) 종래의 통설은 채무자의 행위의 객관적 사해성을 그 행위로 인해 무자력 즉 채무초과 상태가 발생하거나 강화되는 것으로 이해하였다. 이에 대해 여기서는 객관적 사해성을 "취소의 효력을 받는 채권자의 피보전채권 만족을 저해하는 집행 가능 재산의 감소"로 이해한다.[37] 이러한 개념 규정은 채권자의 강제집행을 위해 책임재산을 보전하는 것을 목적으로 하는 채권자취소권의 입법취지로부터 당연히 도출되는 내용이다. 주의할 점은 이는 사해행위에 의해 채무초과 상태가 창출·강화된다는 사정과는 다른 사태를 지시한다는 것이다.

예를 들어 적극재산 200을 가지고 있는 채무자 S에 대해 채권자 A(채권액 100), B(채권액 100), C(채권액 200)가 있다고 상정해 본다. 이 상태에서 이미 채무자 S는 -200의 채무초과 상태에 있었다. 여기서 C의 채권의 변제기가 도래하였고, S가 남은 재산으로 이 채권을 변제하였다고 하자. 무자력의 창출·강화를 목적으로 하는 견해(통설)에 따르면 채무초과 상태는 이미 존재하고 있었고(채무초과 창출 없음) 변제가 있더라도 채무초과 상태는 -200으로 동일하므로(채무초과 강화 없음) 객관적 사해성이 없다는 결론을 내

---

37) 독일법에 대해 Gaul/Schilken/Becker-Eberhard, § 35 Rn. 40, 프랑스법에 대해 Sautionie-Laguionie II, n° 53 참조.

릴 수밖에 없다. 그러나 100의 피보전채권을 가지고 채권자취소권을 행사하려는 A의 입장에서 이러한 변제가 객관적으로 사해성이 없다는 결과는 명백히 불합리하다. 그러한 변제가 없었더라면 그는 50만큼의 변제를 받을 수 있었음에도 불구하고(또는 B, C가 배당에 참여하지 않는다면 채권 전액의 만족을 받을 수 있었음에도 불구하고), 이제 아무런 변제를 받을 수 없는 상태에 직면하게 되었기 때문이다. 변제로 일탈한 재산액만큼 채무도 감소하였기 때문에 무자력 상태는 계속 −200으로 머물고 있다는 사실은 A 채권의 만족에는 아무런 의미도 가지지 않는다. S의 변제에 의해 그의 피보전채권의 만족을 저해하도록 집행 가능 재산이 감소하였고, 실제로 그는 이로써 객관적으로 채권의 만족이 저해되었다. 그러므로 객관적 사해성은 당해 행위에 따른 집행 가능 재산이 일탈하여 취소의 효력을 받는 채권자의 피보전채권 만족이 저해되는 결과가 발생하면 충족되는 것이지, 그에 부수하여 채무도 감소하였다는 사정은 채권자취소의 규범목적에 비추어 고려될 만한 의의를 가질 수 없다. 이로부터 도출되는 결과는 채무의 내용에 좇은 변제라고 하더라도 취소의 효력을 받는 채권자의 만족이 저해되는 이상 객관적 사해성을 부정할 수는 없다는 사실이다. 그리고 채무의 내용에 좇은 변제가 그렇다면, 대물변제나 물적 담보의 제공은 말할 것도 없다. 이는 취소채권자가 집행할 수 없는 소극재산의 소멸을 위해 현재 집행 가능한 적극재산을 이전하거나(대물변제) 장래 이전을 확보해 주는 행위이기(물적 담보의 제공) 때문이다.

물론 용어의 편의상 "채무자의 무자력"을 "취소의 효력을 받는 채권자의 피보전채권 만족을 저해하는 집행 가능 재산의 감소"라고 이해하여 사용하는 것은 가능할 것이다.[38] 그러나 그러한 때에는 그 용어가 "채무초과 상태의 창출·강화"를 의미하지 않는다는 사실을 충분히 의식하여야 한다. 그리고 객관적 사해성을 이렇게 해석함으로써 도산법상 부인권의 사해성 해석

---

38) 실제로 프랑스법에서 객관적 사해성으로 "무자력"(l'insolvabilité)이라는 용어가 사용될 때 이는 채무초과 상태가 아니라 적극재산의 감소로 채권의 완전한 만족이 저해된 상태를 의미한다. Sautionie-Laguionie II, n° 54 참조.

과도 정합적인 결과가 도출된다.[39]

(나) 물론 기존 통설이 객관적 사해성의 기준으로 채무초과 상태의 창출·강화를 언급했던 것은 나름의 이유가 없지 않았다. 이는 제407조의 존재 때문에 그러하다. 즉 앞서 (가)의 사례에서 A가 채권자취소권을 행사하는 경우, 그는 원칙적으로 자신의 피보전채권의 한도에서만 이를 행사할 수 있으므로[40] 그는 자신의 채권액 100을 기준으로 일탈재산 200의 일부인 100 만큼이 사해되었다고 주장해 이를 취소할 수 있다. 이때 A는 자신에 대한 객관적 사해성을 판단하기 위해 채무자에 대한 다른 채권의 존재 등 소극재산을 고려할 필요가 없다.[41] 그러나 판례가 인정하고 있듯이, 제407조에 따라 B는 ─A가 가액배상 등으로 직접 원상회복을 받는 경우가 아니라면─ A의 집행에 가담하여 일반채권자로서 만족을 받을 수 있다. 이렇게 취소의 효력을 받는 다른 채권자의 집행 참여가 예상되는 경우, 취소채권자는 자신의 채권액을 넘어서까지도 취소를 구할 수 있다.[42] 그렇다면 이제 객관적 사해의 액수는 자신의 피보전채권액뿐만 아니라 배당에 참여할 다른 채권자들의 채권액도 함께 고려하여 판단할 수밖에 없다. 즉 여기서는 채무자의 전체 채무가 나머지 적극재산을 초과하게 된다는 사정이 객관적 사해성의 기준으로 적절한 것처럼 보이기도 하는 것이다.

그러나 이러한 선해의 여지에도 불구하고, 채무초과에 의지하여 객관적 사해성을 판단하는 견해는 채권자취소권의 규범목적에 비추어 설득력 있는

---

39) 노영보, 329면. 재판례에 대한 상세한 분석으로 임채웅, 90면 이하도 참조.

40) 大判 2010.8.19., 2010다36209, 공보 2010, 1793.

41) Gaul/Schilken/Becker-Eberhard, § 35 Rn. 40 참조. 뿐만 아니라 사해행위 취소소송에서 그 당사자가 아닌 채무자의 재산 상태 특히 외부에서 인식할 수 없는 소극재산의 상태를 취소채권자가 입증한다는 것은 현실적으로 극히 어렵다. 실제로 우리나라의 현실 재판에서도 법원이 채무초과의 전제가 되는 채무자의 소극재산과 관련해 엄밀한 "증명"을 통해 이를 인정하였다고는 생각되지 않는다. 오히려 경제적으로 "몰락"한 채무자 상태로부터 바로 채무초과를 추단하는 것이 아닌가 추측된다.

42) 大判 1997.9.9., 97다10864, 공보 1997, 3051.

결과에 도달할 수 없다. 앞서 (가)에서 이미 살펴본 것과 다르지 않게, B가 배당에 참여하는 사례에서 이미 채무자의 전체 재산을 기준으로 채무초과를 판단하여도 변제 이전이나 이후 모두 채무초과 상태는 −200으로 동일하다. 반면 채권자 B의 배당요구를 전제로 판단할 때, S의 변제가 없었더라면 A와 B는 각각 50의 만족을 받았을 것임에도 불구하고(또는 C가 배당에 참여하지 않는다면 채권 전액의 만족을 받을 수 있었음에도 불구하고), 이제 S의 변제에 의해 A와 B는 아무런 만족을 받을 수 없게 된다. "취소의 효력을 받는 채권자"인 A, B의 "피보전채권 만족을 저해하는 집행 가능 재산의 감소"가 확인되었다. S의 변제가 객관적으로 사해적이라는 사실은 부정할 수 없다.

(2) 주관적 사해성: 객관적 사해성에 대한 인식과 의욕

(가) 앞서 살펴보았지만, 통설은 주관적 사해성과 관련해 이는 적극적인 의사일 필요는 없으며 소극적 인식으로 충분하다고 해석하고 있었다(주 2 참조). 이러한 해석이 제406조 제1항의 문언에 일응 부합하는 것도 사실이다(이탈리아 민법 제2901조, 네덜란드 민법 제3:45조도 참조). 그러나 사해행위를 위해 이러한 채무자의 단순 인식만을 요구하는 경우, 재판례에서 다양하게 나타나는 채무자의 주관적 상태를 고려하는 것은 사실상 불가능하다. 실제로 판례는 단순 인식 외에도 편파 의사, 공모, 영업 지속을 위한 정당한 동기 등을 고려하고 있다. 그런데 예컨대 채무자가 정당한 동기를 추구하는 상황 하에서도(주 15, 20, 22, 22, 27 등 참조) 채무자는 통상 객관적 사해성을 인지하고 있을 것이기에 종래 기준에 따른다면 언제나 획일적으로 주관적 사해성을 긍정할 수밖에 없다. 그 결과 유연한 사해행위 판단을 할 수 없거나 아니면 이론적 해명을 포기하는 결과에 직면한다.[43]

그러므로 제406조 제1항이 전제하는 채무자의 사해의 의사는 원칙적으로 객관적 사해성에 대한 인식뿐만 아니라 그러한 객관적으로 사해적인 결과

---

43) 이계정, "사해의사", 251−252면 참조.

를 의욕하였다는 의사적 요소도 포함하는 것으로 해석되어야 한다.[44] 물론 이러한 제안에 대해서는 제406조 제1항의 문언을 이유로 하는 반론이 자연스럽게 예상된다. 즉 법률이 "채권자를 해함을 알고" 있음을 기준으로 하는 이상 주관적 사해성은 단순 인식에 있을 수밖에 없다는 것이다. 그러나 이러한 반론이 반드시 극복 불가능하다고 생각되지는 않는다. 예컨대 형법은 고의와 관련해 "죄의 성립요소인 사실을 인식하지 못한 행위는 벌하지 아니한다"고 정하여 고의를 행위자의 인식과 관련해 규정하고 있지만(동법 제13조 본문), 그럼에도 불구하고 인식 외에 의욕도 고의의 요소라는 것은 당연한 내용으로 이해되고 있다.[45] 그러므로 제406조 제1항의 문언도 주관적 사해성을 채무자의 인식으로 한정하는 취지는 아니며, 형법 제13조와 마찬가지로 주관적 사해성은 최소한 채무자의 객관적 사해성에 대한 인식을 전제하고 있음을 밝힐 뿐 나머지 요소에 대해서는 해석의 여지를 남기고 있다고 말하여도 반드시 무리라고 단정할 수는 없을 것이다. 특히 개별 법률들이 민법의 채권자취소권 규정을 지시하면서 취소되어야 할 행위에 대해 "사해행위"(국징 제25조) "사해신탁"(신탁 제8조)과 같은 용어를 사용할 때, 단순한 "가해(加害)"가 아니라 "사해(詐害)"라고 표현된 문언은 채무자의 의지적인 요소를 포함시킬 만한 여지를 충분히 남기고 있다고 보인다. 게다가 무엇보다 현재 재판례에서 고려되고 있는 채무자의 다양한 주관적 상태를 제406조의 적용에 반영할 수 있기 위해서는 단순히 채무자의 인식만을 요구하는 기준만으로는 무리라고 말하지 않을 수 없다.

---

44) 김욱곤, 113-114면; 김대정·최창렬, 299면; 이계정, "사해의사", 254면 이하. 무상행위가 문제되지 않는 경우 독일법에 대해 Gaul/Schilken/Becker-Eberhard, § 35 Rn. 62. 프랑스의 경우 오랫동안 판례에서 인식을 기준으로 하는 것과 의사를 기준으로 하는 것이 혼재하고 있었으나 20세기 후반 이후에는 인식만을 요구하는 입장이 정착하였다고 한다. 학설도 대체로 이러한 경향을 따르는 것으로 보이나, 행위의 유형을 나누어 무상행위에는 인식만을 요구하지만 유상행위에는 채무자의 의욕도 요구된다는 견해(Mazeaud et Chabas, n° 994)도 유력하였다. 전거와 함께 Sautionie-Laguionie II, n° 64 참조.

45) 주석 형총(1), 173-174면(김희수).

(나) 이상의 이해에 따른다면, 제406조 제1항에 따른 주관적 사해성은 다음과 같이 설명할 수 있다. 이 규정이 사해행위의 주관적 요소로 단순히 채무자의 인식만을 언급하고 있는 것은 사해행위가 문제되는 상황에서 채무자가 객관적 사해성을 인식하는 이상 채권자의 만족을 저해하고자 한다는 미필적 고의는 일반적으로 추정될 수 있다는 고려에서 기인한다. 즉 통상적인 채권자취소의 사안에서 채무자가 채권자를 해함을 인식하는 이상 사해의 의욕도 자연스럽게 인정되는 것이다.46) 그러나 그럼에도 불구하고 채무자의 인식 외에 채무자의 의욕도 문제삼는 이유는 객관적 사해성에 대한 인식에도 불구하고 채권자를 사해하겠다는 의욕이 결여되는 예외적인 경우가 발생할 수 있기 때문이다. 예를 들어 이행기가 도래해 채무자가 채무의 내용에 좋은 변제를 하여 취소채권자가 완전한 만족을 받지 못하게 된 사안을 생각해 본다. 이 경우 채무자는 객관적 사해성이 있는 변제를 하였고 이를 인식하였으나, 그럼에도 그에게 채권자의 만족을 저해할 것을 의욕하였다고는 도저히 말할 수 없다. 이행기가 도래한 채무의 이행은 채무자의 의무로서 그는 법질서가 요구하는 바에 순종한 것에 다름 아니기 때문이다. 그러므로 채무의 내용에 좋은 변제는 객관적으로는 사해적이나 주관적으로 사해적이지 않아 사해행위가 될 수 없다. 반면 채무자가 특정 채권자를 만족시키기 위한 편파적 의사를 가지고 있거나 특정 채권자와의 공모에 의해 변제를 한 경우 또는 채무자가 아직 이행기가 도래하기 전에 미리 변제를 한 경우에는, 그러한 변제는 취소채권자에 대한 관계에서 객관적 사해성을 가지고 있을 뿐만 아니라 그에 대한 인식으로부터 추정되는 사해의 의욕도 번복될 여지가 없다. 그러한 변제는 ―판례가 정당하게 인정하는 대로(주 8 참조)― 사해행위에 해당한다. 이로써 당사자들의 주관적 상태를 고려하는 유연한 사해행위 인정이 가능하게 된다. 요컨대 주관적 사해성은 채무자의 인식과 의욕으로 구성되고, 인식에 의해 의욕이 추정되지만, 그러한 추정이 번복되는 예외적인 경우는 존재한다. 제406조 제1항은 그러한 원칙적인 경

---

46) 김욱곤, 113-114면도 참조.

우를 모델로 규정한 것이라고 이해할 수 있다.

(3) 간접적 사해성의 인정

우리 재판례에서 현실적으로 행해지는 사해행위 판단을 보다 적절하게 분석할 수 있기 위해서는 "간접적 사해성"이라는 개념을 도입하는 것이 합목적적이다. 이는 취소 대상인 채무자의 행위에 그와 직접 관련은 없는 다른 사정이 결합하여 채권자의 만족을 저해하는 결과가 발생하는 경우를 지칭한다.[47] 이는 사실심 변론종결시점을 기준으로 그러한 다른 사정의 개입과 채권자 만족의 저해 사이에 조건적 인과관계가 인정되면 성립한다.[48] 한편 덧붙여지는 사정이 다시금 사해행위의 요건을 충족할 필요는 없다.

제406조 제1항이 정하고 있는 사해행위에는 이러한 간접적 사해성이 인정되는 경우도 포함된다고 해석해야 한다. 이러한 간접적 사해성의 개념은 생소한 것처럼 보이지만, 실제로는 우리 재판례에서 이미 고려되고 있는 사정이다. 예컨대 채무자가 자신의 유일한 부동산을 매각하여 소비하기 쉬운 금전으로 바꾸는 행위가 사해행위가 된다는 판례 법리를 기억해 본다(주 26 참조). 여기서 "부동산을 소비하기 쉬운 금전으로 교체하는 매매" 그 자체만이 사해행위로 판단되고 있는가? 당연히 그렇지 않다. 만일 이 사안에서 채무자가 매각 대금을 은행 계좌에 고이 보관하고 있었다면, 채권자는 예금채권을 압류해 집행을 시도했을 것이지 채권자취소권을 행사하지는 않았을 것이다. 즉 이 사안에서 채권자가 사해행위 취소를 시도하는 이유는 바로 그 매각 대금이 이미 은닉되었거나 소비되었기 때문이다. 이는 예컨대 부동산의 매각 목적이 채무의 변제 또는 변제자력을 얻기 위한 것이고, 대금이 부당한 염가가 아니며, 실제 이를 채권자에 대한 변제에 사용하거나 변제자력을 유지하고 있는 경우 원칙적으로 사해행위에 해당하지 않는다는 판례

---

47) 독일법에 대해 Gaul/Schilken/Becker-Eberhard, § 35 Rn. 40, 44f., 프랑스법에 대해 Sautionie-Laguionie II, n°s 56 sqq. 참조.

48) Gaul/Schilken/Becker-Eberhard, § 35 Rn. 43.

(주 27 참조)와 비교하면 명백하게 드러난다. 그러므로 앞서의 사안에서 부동산의 매각은 간접적으로 사해적이다. 즉 매각 자체만으로 사해행위가 되는 것이 아니라, 그에 후속하는 매각대금의 은닉 또는 소비와 결합하여 사해행위가 되는 것이다. 마찬가지로 예컨대 대법원이 일정한 후속 사정을 고려하면서 "일련의 행위 전후를 통하여 기존 채권자들의 공동담보에 증감이 있었다고 평가할 것도 아니므로, 담보제공행위만을 분리하여 사해행위에 해당한다고 하여서도 아니 된다"(주 23)고 했을 때에도, 바로 그러한 간접적 사해성의 결여를 고려하는 태도를 보이고 있었다고 말할 수 있다. 이렇게 간접적 사해성의 개념은 재판례에서 발견되는 유연한 사해행위 판단을 분석할 수 있게 하는 수단으로 유용하다(그 구체적 활용에 대해서는 제2장 II. 2. 참조).

물론 이상의 내용에 대해서는, 집행 가능한 재산의 감소뿐만 아니라(제2장 II. 1. (1) 참조) 대법원의 판시가 그러하듯(주 26 참조) 감소의 가능성 내지 위험도 고려해 객관적 사해성을 인정하고, 또한 사해 의사에 채무자의 의욕을 포함시킨다면(제2장 II. 1. (2) 참조), 굳이 간접적 사해성 개념을 인정하지 않고서도 문제되는 사안을 처리할 수 있다고 생각할 여지도 없지는 않다. 그러나 이는 그렇지 않다. 예컨대 채무자가 채권자를 해할 의도를 가지고 유일한 부동산을 매각하였으나, 그의 채권자가 적시에 매매대금 채권을 압류하거나 수령한 매매대금을 압류한 사안을 상정해 보라. 만일 종래의 설명처럼 단순히 "부동산을 소비하기 쉬운 금전으로 교체하는 매매" 자체에 객관적 사해성을 인정하면서 동시에 채무자의 사해 의사를 긍정한다면, 채권자는 대금(채권)의 압류에 더하여 매각 자체를 사해행위로 취소할 수 있어야 한다. 그렇다면 채권자는 부동산의 가치와 관련해 매매대금에 부동산 자체를 책임재산으로 더하여 이중으로 만족을 받을 수 있는 반면, 매각의 상대방은 부동산을 상실하는 동시에 자신의 담보책임 추궁과 관련해 일반채권자로서 채무자의 무자력 위험을 전가받게 된다. 이러한 결과가 부당함은 명백하다. 그렇다면 이러한 경우 사해행위성을 부정하기 위해서는 결국 매각의 대가가 채권자의 책임재산으로 활용되었는지 아니면 소비·은닉되었는지 여부를 따져보지 않을 수 없다. 이는 바로 객관적 사해성의 검토에 다름 아니다.

2. 구체적인 적용

여기서는 지금까지 제안된 해석론에 따라 앞서 개관한 바 있는 우리나라의 재판례(제2장 I. 2. (1) 참조)를 중심으로 주요 사안 유형을 살펴보기로 한다.

(1) 변제에 대해서는 이미 여러 차례 언급하였다(제2장 II. 1. (1), (2) 참조). 즉 채무의 내용에 좇은 변제는 객관적 사해성은 있으나 주관적 사해성이 없어 사해행위에 해당하지 않는다(주 5). 반면 편파적 변제[49]나 공모 있는 변제는 객관적 사해성에 더해 통상 주관적 사해성이 인정되므로 원칙적으로 사해행위가 된다(주 8).

대물변제의 경우, 객관적 사해성이 있을 뿐만 아니라 채무자가 의무 없이 다른 재산권을 이전하는 것이므로 통상 주관적 사해성도 인정된다. 따

---

49) 관점에 따라서는 민법의 채권자취소권에서는 도산법에서보다 편파적 변제를 더 약하게 규제해야 하는 것인지의 의문이 제기될 수도 있다. 그러나 이 책에서 채택된 기준에 따른다면, 일부 채권자에게 편파적 만족을 줄 의사로 변제가 행해지는 이상 취소채권자에 대한 관계에서 사해행위에 해당함은 부정하기 어렵다. 실제로 그러한 편파적 변제가 취소채권자가 집행할 수 있는 적극재산을 감소해 만족을 저해한 이상 개별 행사를 전제하는 채권자취소권의 규범목적에 따라 그러한 변제의 객관적 사해성을 부정하기는 어렵다고 생각되기 때문이다. 그 밖에 우리 법제에서는 민법 제407조의 존재 때문에 채권자취소권과 부인권 사이의 기본적인 차이가 희석되어 있을 뿐만 아니라, 도산절차에서는 위기부인이 있어 변제 일반이 보다 엄격한 규제를 받는다고 말할 수 있다는 점도 고려되어야 한다. 게다가 편파 의사나 공모의 존재는 현실에서 직접 입증되기 어려워 제반사정으로부터 간접적으로 추단될 수밖에 없으므로, 이들을 엄밀하게 준별한다는 것도 불가능에 가깝다.

라서 원칙적으로 대물변제의 사해행위성을 긍정하는 판례는 타당하다(주 14). 그러나 구체적인 사정에 따라 객관적 사해성이나 주관적 사해성이 조각될 수 있음은 물론이다. 예컨대 저당권으로 담보되고 있는 채무에 대해 적정가치의 대물변제를 함으로써 채권자가 공취할 수 있는 재산이 보존되거나 증가하는 경우, 대물변제 자체는 객관적으로 사해적이라도 다른 사정과 결부되어 간접적으로 사해성이 부정될 수 있을 뿐만 아니라, 채무자의 주관적 상태에 비추어도 사해 의사가 없다고도 말할 수 있다. 또한 대법원이 판시한 대로(주 15), 채무자의 대물변제가 채권자와의 거래관계를 유지하면서 채무초과 상태에 있던 회사의 갱생을 도모하기 위한 유일한 방안이었다면, 주관적 사해성이 있다고 말할 수 없을 뿐만 아니라, 이후 자금의 흐름에 따라 간접적으로 객관적 사해성이 없게 되는 사안도 있을 수 있다. 또한 매각과 관련해 판례가 인정하는 바와 같이(주 27), 채무의 내용에 좇은 변제에 갈음하여 적정가격 또는 유리한 가격으로 대물변제가 이루어진 경우 주관적 사해성을 부정될 만한 사안도 존재할 수 있을 것이다(아래 (3) 마지막 부분 참조).

대물변제에 관한 내용은 변제를 위하여 다른 재산권을 양도하는 경우에도 다르지 않다. 즉 원칙적으로 사해행위성은 긍정되나, 예외적으로 객관적·주관적 사해성을 의문시하는 사정이 있을 수 있다(주 7).

(2) 채무자가 채권자에게 물적 담보를 설정해 주는 경우, 그것이 사해행위에 해당하지 않는 담보제공계약의 이행으로 이루어지는 것이라면 채무의 내용에 좇은 변제로서 사해행위가 되지 않는다.[50] 반면 의무 없이 담보제공계약을 체결하고 물적 담보를 제공하는 것이라면, 그 행위는 원칙적으로 객관적 사해성을 가진다(주 17, 18). 이는 이행기 이전에 담보권자의 장래 만족을 확보해 주는 행위로서 다른 채권자들과의 관계에서 보충 없이 책임재산을 감소시켜 만족을 저해하기 때문이다. 그러나 채무 변제를 위하여 자

---

50) 집합동산 양도담보와 관련해 김형석, 담보제도의 연구, 379면 참조.

금을 융통하거나 사업을 계속하기 위하여 부득이 특정 채권자에게 물적 담보를 제공한 경우, 주관적 사해성이 결여되기 쉬울 뿐만 아니라 이후 자금 유입의 현황에 따라 간접적으로 객관적 사해성도 없다고 볼 여지도 존재한다(주 19, 20). 물적 담보를 설정하여 자금을 융통하여 기존의 담보부 채무를 변제하여 영업을 유지하는 경우가 그러하다(주 22). 그러나 신규 자금의 융통 없이 이행의 유예만을 목적으로 물적 담보를 제공한 경우에는 당연히 객관적 사해성이 존재하고 주관적 사해성도 통상 긍정될 것이다(주 21).

반면 채무자가 인적 담보를 제공하는 경우, 취소채권자가 다른 채권자의 배당 참가를 고려하지 않고 자신의 피보전채권만을 기준으로 취소권을 행사하는 때에는 인적 담보 부담에 따른 채무 증가는 사해행위에 해당하지 않는다. 채무 증가만으로는 존재하는 적극재산에 단독으로 집행하여 만족을 받을 가능성에 영향을 주지 않기 때문이다(주 41의 본문 참조). 다만 다른 채권자의 배당요구가 예상되어 전체 채권자의 관점에서 취소권을 행사하는 때에는 당연히 그러한 채무부담은 전체 채권자의 만족 가능성을 저해하므로 사해행위에 해당하게 된다.

(3) 부동산 등 재산의 매각이 무상 또는 낮은 가격으로 이루어진 경우 객관적·주관적 사해성이 모두 긍정된다(주 24). 반면 정당한 가격으로 매각된 때에는 경우를 나누어 살펴보아야 한다. 재산을 정당한 가격으로 매각하였으나 그 대금이 은닉되거나 소비되어 취소의 효력을 받는 채권자의 집행 가능한 재산이 감소하여 만족이 저해되었다면(유일한 재산인 경우 특히 그러할 것이다), 간접적인 객관적 사해성이 인정되고 그러한 사정에 대한 인식에 기초해 사해의 의욕도 추정되므로 원칙적으로 사해행위가 긍정된다(주 26). 그러나 매각 목적이 채무의 변제 또는 변제자력을 얻기 위한 것이고 실제 수령한 정당한 가격을 채권자에 대한 변제에 사용하거나 변제자력을 유지하고 있는 때에는, 변제에 사용되더라도 주관적 사해성이 결여되어 사해행위가 아니라고 판단될 여지가 클 뿐만 아니라(물론 판례가 말하듯 채무의 내용

에 좇은 변제의 경우에만 그러하다), 만일 변제자력 유지에 활용되어 집행 가능한 적극재산의 가치가 유지되고 있다면 간접적으로 객관적 사해성이 부정될 여지도 존재한다(주 27).

(4) 채무자가 소멸시효 이익을 포기하는 경우[51]는 어떠한가? 우선 소멸시효 이익의 포기 자체는 채무의 부활을 의미하므로 채무나 인적 담보를 부담하는 것과 효과에서 큰 차이가 없다. 그러므로 앞서 (2)의 말미에서 서술한 내용이 일단 그대로 타당하다. 그러나 거기에서 서술한 어느 경우에 해당하든, 이후 채무자가 시효이익을 포기하고 채무를 변제하기에 이르렀다면, 그러한 변제는 채무의 내용에 좇은 것이더라도 원칙적으로 사해행위에 해당한다고 생각된다. 변제 자체는 객관적 사해성을 가지고 있을 뿐만 아니라, 굳이 시효이익을 포기하고 변제하는 채무자의 의사에 주관적 사해성을 의문시할 수 없기 때문이다.

(5) 채무자가 연속하여 수개의 재산행위를 한 경우에는 각 행위별로 그로 인하여 무자력이 초래되었는지 여부에 따라 사해성을 판단하는 것이 원칙이지만, 그 일련의 행위들을 하나의 행위로 볼 특별한 사정이 있는 때에는 이를 일괄하여 전체로서 사해성이 있는지 판단하여야 한다.[52] 그래서 예컨대 甲이 거의 비슷한 시기에 자신의 가족·친척들에게 자신 소유 부동산 A, B, C의 소유권을 순차적으로 이전해 준 경우, 이를 하나의 행위로 볼 여지가 크다. 그렇다면 A의 처분의 사해성을 판단할 때 B, C의 존재를 들어 이들을 적극재산으로 평가해서는 안 되며, A, B, C의 처분 전체를 하나의 행위로 보아 사해행위성을 판단해야 할 것이다.[53] 여기서 각각의 행위들은 서로 결부되어 간접적으로 객관적 사해성을 성립시키기 때문이다. 중

---

51) 大決 2013.5.13., 2012마712, 공보 2013, 1115 참조.
52) 여러 필지의 토지가 하나의 공장 부지를 구성하는 경우에 대해 大判 2010.5.27., 2010다15387, 공보 2010, 1405.
53) 大判 2014.3.27., 2012다34740, 공보 2014, 929.

요한 기준은 전체 과정을 포괄하여 계획하는 채무자의 사해 의사가 존재하는지 여부이다.[54]

III. 전망

본장에서 개진된 견해는 처음에는 일견 낯설다고 생각될 수 있겠지만, 현재의 실무에서 행해지는 판단의 기준을 오히려 보다 적절하게 포착하여 표현하고 있다고 말할 수 있을 것이다. 그러므로 대법원이 이를 채택하더라도 종래 재판례의 결론은 거의 그대로 유지될 수 있다. 그러한 의미에서 대법원이 이 책의 제안에 따라 설명 방법을 변경하더라도, 이는 "종전에 대법원에서 판시(判示)한 헌법·법률·명령 또는 규칙의 해석 적용에 관한 의견을 변경"(법조 제7조 제1항 제3호)하는 것은 아니라고 생각된다. 즉 대법원은 이 책의 제안과 서로 저촉될 만한 판시를 내린 바 없으므로, 여기서 제안된 설명을 채택하더라도 이는 종래 대법원이 견지하던 의견을 보다 명료하게 서술하는 개념을 개선·추가하는 것에 지나지 않는 것이다. 그러한 의미에서 이 책의 기준에 따른 새로운 분석의 채택은 판례 변경 없이도 가능하다. 여기서 제시한 단서들이 이후 학설과 실무에서 열린 태도로 그러나 비판적인 관점에서 검토될 수 있기를 희망한다.

---

54) Kirchhof, § 1 Rn. 55.

제3장

채권자취소권의 행사와 효과

채권자취소권의 행사와 효과

I. 사해행위 취소의 효과에 관한 기존 학설의 평가

1. 취소 및 원상회복의 상대적 효력과 그 난점

(1) 채권자취소권의 성질에 대해서 종래 견해의 대립이 있었으나, 기존의 통설·판례는 의용민법 하에서의 이른바 절충설에 따라 채권자취소권을 수익자 또는 전득자[1]를 상대로 취소 및 원상회복을 구하는 권리로 이해하면서, 그 효과를 취소채권자와 수익자 사이에서 상대적 효력만을 발생하는 것으로 이해하였다. 이 내용은 주지되어 있으며, 그 배경과 세부 사항에 대해 여기서 새삼 다시 반복할 필요는 없을 것이다.[2] 그러나 이러한 통설·판례에 대해서는 일본 학설의 영향으로 책임설, 소권설, 신형성권설 등이 소개되었으며,[3] 특히 상대적 효력설의 난점이 다음과 같은 모습으로 지적되었다.

---

1) 아래에서 별도로 구별하여 논의하지 않으면 '수익자'는 전득자를 상대로 행사된 경우의 전득자도 함께 포함한다.
2) 주석 채총(2), 제4판, 207면 이하(손진홍) 참조.
3) 김형배, 386면 이하.

"채무자와 수익자 사이의 법률행위는 적법하고 유효한 것으로 그대로 놓아둔 채 채권자와 수익자 사이에서만 상대적으로 물권적 무효를 인정한다면 일출재산이 채무자의 책임재산으로 환원되어 강제집행의 대상이 된다는 것을 이론적으로 설명할 수 없[…]다. 다시 말하면 일출재산이 채무자에게 반환·회복된다 하더라도 취소의 효과는 채무자에게 미치지 않으므로(예컨대 부동산의 등기명의가 수익자로부터 채무자에게 회복된다고 하더라도 채권자에 대한 관계에 있어서는 이 부동산은 여전히 수익자의 소유재산이다) 채권자와 채무자 사이에서 이루어지는 채무자의 책임재산에 대한 강제집행을 이론적으로 설명할 방법이 없다."[4]

그러나 이러한 비판이 제기되던 시점에 이상과 같은 이론적 난점이 정작 실무상으로 결정적인 문제를 수반하지는 않는다고 생각되었다.

"실무상 이와 같은 이론적 결함이 표면화되지 않는 것은 집행법원이 형식적인 명의를 가지고 집행하며 실체관계를 심사하지 않는다는 절차법상의 이유와 또한 수익자가 집행을 배제하기 위하여 제3자이의의 소를 제기하더라도 취소판결의 효과로서 [취소채권자를 상대로] 소유권을 주장할 수 없다는 우연한 사정에 기인하는 것이다."[5]

그러나 이후 사해행위 취소소송의 폭발적인 증가는 극히 다양한 사실관계를 배경으로 이러한 "이론적 결함"의 "표면화"를 가져왔다.

(2) 사해행위 취소의 효과를 상대적으로 설명하는 관점이 대법원 재판례에 가져온 난맥상은 이미 우리 문헌에서 적절히 그리고 상세하게 지적된 바

---

4) 김형배, 386-387면. 이 설명은 平井, 277-278면을 원용하고 있으며, 이 문헌은 다시금 中野, 273면 이하 및 下森, 19면 이하에 수록된 논문을 지시하고 있다. 한편 이러한 비판은 상대적 무효설을 채택하는 견해에서도 자인하고 있었다. 예컨대 곽윤직, 신정판, 272면 참조. 그 밖에 보다 상세한 비판으로 서광민, 220면 이하 참조.

5) 김형배, 387면. 平井, 278면도 참조.

있다.6) 여기서는 이를 전제로 하면서, 몇몇 대표적인 재판례를 통해 상대적 효력설이 야기하고 있는 혼란상을 살펴본다.

(가) 예를 들어 이행된 부동산 매매가 사해행위로 판단되어 취소된 경우, 이로써 등기명의가 회복된 채무자가 이를 다시 처분한 경우 그 소유권은 누구에게 있는가?7) 수익자의 채권자가 부동산을 가압류하였으나 양도가 사해행위로 취소된 후 채무자가 처분한 사안에서, 대법원은 양수인이 제기한 제3자 이의에 대해 그는 가압류의 부담이 있는 소유권을 취득하였다고 판시하여 이를 부정하였다.8) 이는 양수인의 유효한 소유권 취득은 전제로 하는 것처럼 보인다.9) 그러나 채무자 양도가 문제된 다른 사건에서 대법원은 상대적 효력을 이유로 수익자가 여전히 소유자이어서 채무자는 처분권이 없으므로 양수인은 권리를 취득할 수 없다고 한다.10) 여기서 대법원은 사해행위 취소의 효력을 받는 채권자는 강제집행을 위해 직접 등기명의인을 상대로 말소등기를 청구할 수 있다고 판시하는데, 과연 채권자취소권이 그러한 청구를 가능하게 하는 권리인지는 의문이다.11)

(나) 부동산에 사해행위로 저당권이 설정되어 있는 경우, 후순위 저당권의 설정이나 부동산 양도의 사해행위성을 판단할 때, 전자를 고려해야 하는가? 대법원은 후순위 저당권이 설정된 사안에 대해 "새로 설정된 담보권의 말소를 구하는 사해행위취소 청구에 앞서 선순위 담보권 설정행위가 사해행위로 인정되어 취소되고 그에 기한 등기가 말소되[…]는 경우에는 후순위 담보권 설정행위가 사해행위에 해당하는지 여부를 판단함에 있어 그 선순위 담보권의 피담보채무액을 당해 부동산에 설정된 담보권의 피담보채무

---

6) 전원열, "비판", 215면 이하.

7) 전원열, "비판", 217면 이하 참조.

8) 大判 1990.10.30., 89다카35421, 집 38-3, 26.

9) 또한 저당권이 양도된 비슷한 사안에 대해 大判 2014.2.13., 2012다204013, 공보 2014, 581도 참조.

10) 大判 2017.3.9., 2015다217980, 공보 2017, 623.

11) 전원열, "비판", 218면 참조.

액에 포함시켜서는 안 된다"고 한다.12) 그래서 대법원은 저당권이 설정된 다음 부동산이 양도되었고 그 후 저당권설정행위가 해지되어 저당권설정등 기가 말소된 사안에서도, 부동산 양도행위가 사해행위에 해당하는지 여부는 저당권설정행위가 사해행위에 해당하는지 여부에 좌우될 수 있으므로 이 경우에는 예외적으로 해지된 저당권설정행위에 대해 사해행위취소를 제기 할 이익이 있다고 판단한다.13) 그러나 반대로 대법원은 다른 판결에서 저 당권이 설정된 부동산이 양도되었으나 저당권 설정이 사해행위로 판단된 때에도 그 취소판결은 상대적 효력만을 가지므로 양도의 사해행위성을 판 단할 때 그 피담보채권액을 공제해야 한다고 한다.14) 이들 재판례는 모순 된다고 하지 않을 수 없다.

(다) 채무자의 수익자에 대한 채권양도가 사해행위로 취소되고, 그에 따 른 원상회복으로서 제3채무자에게 채권양도가 취소되었다는 취지의 통지가 이루어지더라도, 채권자와 수익자의 관계에서 채권이 채무자의 책임재산으 로 취급될 뿐, 채무자가 직접 채권을 취득하여 권리자로 되는 것은 아니므 로, 채권자는 채무자를 대위하여 제3채무자를 상대로 채권에 관한 지급을 청구할 수 없다고 한다.15) 그런데 채권자는 취소에 따른 강제집행을 하려 면 결국 해당 채권이 채무자에게 귀속하는 것처럼 이를 압류하여 전부명령 이나 추심명령을 받아 행사해야 한다. 그렇다면 그는 결국 채무자의 제3채 무자에 대한 급부청구권을 전제로 권리를 행사한다. 채권자대위권이 행사되 는 경우와 전부·추심이 이루어진 경우가 과연 어떻게 구별되는가? 채권자 대위가 부정된다면 과연 전부·추심은 가능할 수 있는가?

(라) 사해행위로 부동산을 취득한 수익자는 사해행위가 취소되더라도 여 전히 소유자이므로, 말소등기를 청구한 다음 부동산을 압류한 취소채권자를 상대로 등기부취득시효를 주장해 압류등기의 말소를 구할 수 없다고 한다.

---

12) 大判 2007.7.26., 2007다23081, 공보 2007, 1364.
13) 大判 2013.5.9., 2011다75232, 공보 2013, 1012.
14) 大判 2018.6.28., 2018다214319, 공보 2018, 1468.
15) 大判 2015.11.17., 2012다2743, 공보 2015, 1884.

사해행위 취소의 효과는 채권자와 수익자 사이에서 상대적으로 생기고 취소 이후에도 여전히 부동산은 수익자 소유이므로, 수익자의 "등기부취득시효가 인정되려면, 자기 소유 부동산에 대한 취득시효가 인정될 수 있다는 것이 전제되어야" 하지만, "부동산에 관하여 적법·유효한 등기를 하여 그 소유권을 취득한 사람이 당해 부동산을 점유하는 경우에는 특별한 사정이 없는 한 사실상태를 권리관계로 높여 보호할 필요가 없고, 부동산의 소유명의자는 그 부동산에 대한 소유권을 적법하게 보유하는 것으로 추정되어 소유권에 대한 증명의 곤란을 구제할 필요 역시 없으므로, 그러한 점유는 취득시효의 기초가 되는 점유라고 할 수 없다"는 것이다.16) 그러나 이러한 이유제시는 의문이다. 지금 이 사건의 분쟁 당사자는 바로 취소채권자와 수익자이며, 이들 사이에서는 취소의 상대적 효력에 기해 소유권은 채무자로 복귀되어 있기 때문이다.

  (마) 대법원은 한편으로 수익자의 채권자가 사해행위 취소의 대상이 되는 목적물을 압류한 경우 상대적 효력을 이유로 취소판결의 효력은 압류채권자에게 미치지 않는다고 하며, 배당절차에서 취소채권자가 압류채권자에 대한 관계에서 우선하여 만족을 받을 수 없으므로 그 결과 배당을 받은 압류채권자를 상대로 부당이득 반환을 청구할 수 없다고 판시한다.17) 그러나 다른 한편 회생절차가 개시한 수익자를 상대로 채권자취소권을 행사하는 경우, 원물반환 청구는 환취권(도산 제70조)의 행사에,18) 가액반환 청구권은 회생절차에서 공익채권(도산 제179조 제1항 제6호)에19) 해당한다고 하는 것이 판례의 태도이다. 그런데 도산절차의 개시는 기본적으로 총체적 집행절차로서 채무자의 그 재산에 대한 관리처분권을 제한한다는 점에서 압류와 비슷한 효력을 가지며, 채무자 재산에 관리인이 아닌 도산채권자가 이해관계를 취득한 것으로 취급된다.20) 그렇다면 왜 압류채권자는 취소와 관련해

---

16) 大判 2016.11.15., 2013다206313, 공보 2017, 6.
17) 大判 2005.11.10., 2004다49532, 공보 2005, 1958.
18) 大判 2014.9.4., 2014다36771, 공보 2014, 2026.
19) 大判 2019.4.11., 2018다203715, 공보 2019, 1051.

상대적 효력을 누리지만 회생채권자는 그렇지 아니한지 그 이유를 추측하기는 쉽지 않다. 실제로 판례는 최근 사해행위로 일탈한 부동산의 경매에서 확정된 배당표를 전제로 원상회복(배당금 채권의 양도)의 범위를 산정할 때 수익자의 압류채권자에 대한 배당금을 공제해서는 안 된다고 한다.[21] 이 판결은 앞서 인용한 선례(주 17)과 관련하여 이는 "채권자취소소송의 상대적 효력에 관한 것으로 취소채권자가 수익자의 채권자에게 사해행위취소 판결의 효력을 주장할 수 없다는 취지일 뿐, 원상회복의 범위를 산정할 때 수익자의 채권자에 대한 배당금까지 공제하여야 한다는 취지는 아니므로, 사실관계 및 쟁점이 모두 다른 이 사건에 적용된다고 보기 어렵다"고 하여 구별(distinction)을 시도하나, 의문이다. 두 판결은 사안유형의 전형적인 구조에서 차이가 없으며, 결국 사해행위로 일탈한 재산이 취소채권자에게 귀속할 것인지 아니면 압류채권자에게 귀속할 것인지 여부의 판단으로 귀결하기 때문이다.

(3) 이상의 서술에서 나타난 바와 같이, 대법원의 재판례는 상대적 효력을 인정한다고 말하면서도 구체적 사건의 해결과 관련해 적절하다고 보이는 해결에 장애가 되면 구애되지 않고 상대적 효력을 부정하는 것으로 보인다. 실제로 비슷한 취지에서 상당수의 대법원 판결이 상대적 효력설에서 벗어나 있다는 내용의 관찰이 행해지고 있기도 하다.[22] 그리고 그러한 관점에서 이상과 같은 상대적 효력설의 난점과 현황에 직면하여 한동안 잊혔던 절대적 무효설이 다시 유력하게 주장되기 시작하였다는 사실[23]도 놀랄 만한 일은 아니다.

---

20) 大判 2003.6.24., 2002다48214, 공 2003, 1581; 2006.11.10., 2004다10299, 공보 2006, 2066.
21) 大判 2023.6.29., 2022다244928, 공보 2023, 1311.
22) 다른 재판례를 대상으로 하여 제철웅, 38면 이하.
23) 서광민, 225-226면; 이은영, 481면. 일본의 개정된 제425조에 대해 潮見, 改正法, 98-99면도 참조.

2. 기존 학설에 대한 비판

(1) 이상에서 분명하게 되었지만, 상대적 효력설은 현재 우리 판례에서 일관된 모습으로 적용되고 있지 못하여, 이론적인 난점을 보일 뿐만 아니라 실무상 혼선의 원인도 되고 있다. 상대적 효력설이 이러한 혼란의 원인이 된 이유는, 이미 우리 문헌에서 타당하게 설명되었듯이,[24] 취소 및 원상회복의 상대적 효력을 인정한다고 하면서 바로 그 상대적 효력의 주체인 취소채권자와 수익자 외에 채무자를 원상회복의 한 당사자로 포함시키고 있기 때문이다. 이로써 현재 우리나라에서 주장되고 있는 상대적 효력설은 그 내용 자체에 모순을 가진다.

로마법에 그 기원을 가지는 채권자취소는 원래 사해행위를 하는 채무자 및 이를 알면서 가담한 수익자에 대한 제재로서의 성질을 가지고 있었고, 그래서 사해행위 취소는 채권자가 (어차피 채권을 가지고 있는 채무자가 아니라) 사해행위에 가담한 수익자를 상대로 하여 직접 일탈재산의 회복을 청구하는 형태로 전개되었다.[25] 그 결과 현재 각국의 법질서에서 정착한 채권자취소 제도에서 취소채권자는 바로 수익자를 상대로 책임재산의 회복을 청구하며, 그 과정에서 채무자는 전혀 관여되지 않는다.[26] 그러나 우리 상대적 효력설은 일본 학설과 판례의 영향으로[27] 채권자취소에 따른 원상회복으로 일탈재산을 채무자에게 복귀시킨 다음 그에 강제집행을 해야 한다고 해석함으로써 취소채권자와 수익자 사이의 상대적 관계에 제3자인 채무자를 포함시켜 상대적 효력을 그대로 관철할 수 없는 이론적 구성을 채택하였다. 요컨대 종래 통설·판례의 설명은 결과적으로 취소채권자와 수익자 사이의 상대적 효력이라는 원칙 명제에 그와 정면으로 충돌하는 채무자

---

24) 김능환, 43-44면; 서광민, 221면; 전원열, "비판", 230면 이하; 오영준, 184-186면 등 참조.
25) Gerhardt, S. 46ff.
26) 전원열, "비판", 232-234면 참조.
27) 상세하게 전원열, "비판", 234면 이하.

에 대한 관계에서의 절대적 효력이라는 보조 명제를 결합시킨 것이다. 이
로부터 이론적인 모순(앞의 주 4의 본문 참조) 외에 실무상 혼란(제3장 I. 1.
(2) 참조)이 야기될 수 있다는 사실은 어쩌면 너무나 자연스러운 일인지도
모른다.

(2) 게다가 법률에 근거를 발견할 수 없는[28] 상대적 효력설은 채권자취
소 제도의 규범목적에 부합하지 않는 결정적인 난점도 가진다. 상대적 효력
설에 따라 취소 및 원상회복이 이루어지는 경우, 상대적 효력설이 의도하는
바와 직접 상충하는 결과가 발생하기 때문이다.

상대적 효력설은 취소와 원상회복이 절대적 효력을 가져서는 안 되는 이
유로 그렇지 않으면 책임재산의 회복이라는 목적을 넘어 불필요하게 과도
한 원상회복이 이루어진다는 점을 들고 있었다.[29] 그러나 그러한 문제는
상대적 효력설에서도 마찬가지로 발생한다. 절대적이든 상대적이든, 사해행
위의 효력을 취소하여 원상회복한다는 형성적 요소를 인정하는 이상 채권
자취소권의 규범목적을 넘어서는 원상회복이 이루어진다는 결과는 피할 수
없다.[30] 예를 들어 유일한 채권자 갑이 채무자 을에 대해 1억 원의 채권을
가지고 있는 상황에서, 을이 자신의 유일한 부동산(시가 2억 원)을 병에게
양도하였다가 갑이 병을 상대로 이 양도를 취소한 사안을 상정한다. 갑은
사해행위 취소에 따라 이 부동산의 명의를 을로 회복한 다음 강제집행을 하
여 1억 원의 만족을 받았다. 이제 집행의 결과 남은 1억 원은 누구에게 귀
속되는가? 절차상 집행채무자인 채무자 을에게 반환될 수밖에 없다. 현행
부동산집행에서 소유자로 취급되는 자는 등기부상 소유명의자에 한하므로

---

28) 곽윤직, 신정판, 271면 참조.

29) 예컨대 곽윤직, 신정판, 269면; 송덕수, 237면.

30) 상세하게 Gerhardt, S. 107ff. 이 문헌의 설득력 있는 비판 이후 독일에서는 절대
    적 효력설이든 상대적 효력설이든 채권자취소가 실체법상의 형성적 효력을 가진
    다는 견해는 거의 극복되었다. Gaul/Schilken/Becker-Eberhard, § 35 Rn. 18
    참조.

채무자 명의로 등기를 복귀시켜 집행하는 이상 잉여금이 채무자인 을에게
교부된다는 결과는 현실적으로 불가피하기 때문이다.31) 그리고 이 경우 상
대적 효력설에 따를 때 병은 부동산 소유권이전의무의 불이행이나 대상청
구권 등을 주장해 을에게 1억 원을 청구할 수 없다. 둘 사이에서 소유권은
이미 적법한 이행으로 병에게 이행되었기 때문이다. 병은 을이 채무에서 벗
어나는 이익을 받았음을 이유로 부당이득을 청구할 수 있겠지만(제741조),
이는 갑이 만족을 받은 1억 원에 한정된다. 잔여 1억 원은 채무 변제에 사
용되지 않았기 때문이다. 상대적 효력설의 취지에 따른다면 취소채권자의
만족을 위해 회복되는 범위 외에 수익자의 권리취득은 존중되어야 하므로
그 1억 원은 병에게 귀속해야 할 것임에도, 상대적 효력을 일관함으로써 바
로 그와 정면으로 충돌하는 결과가 발생한다.32) 상대적 효력설은 취소채권
자 만족을 위한 범위에서만 원상회복이 이루어진다는 자신의 약속을 지킬
수 없다.33)

이상과 같은 문제는 절대적 효력설의 경우에도 크게 다르지 않다. 앞서의
사례에서 병은 을을 상대로 사해행위의 절대적 무효를 전제로 부당이득 반

31) 김능환, 47-48면; 김창종, 166-167면; 전원열, "비판", 216면. 한편 법원실무제
요 민사집행[II], 568면, 572면은 상대적 효력을 이유로 수익자에게 반환되어야
한다고 서술한다. 그러나 채무자 명의로 회복된 부동산에 대한 집행절차에서 수익
자를 이해관계인으로 고려해 잉여금을 귀속시키는 것은 관련 절차가 존재하지 않
아 현실적으로 기대할 수 없을 뿐만 아니라, 집행법원이 관련 사정을 알게 되었는
지 등 우연한 사정에 좌우되어 규범적 해결이라고 말하기 어렵다. 그래서 수익자
귀속설을 채택하는 이우재, 404-405면도 그러한 해결이 "현실적으로는 매우 곤
란"하다는 점을 자인하고 있는 것이다.
32) 김능환, 47-48면; 전원열, "비판", 216면; Henckel, "Grenzen der Vermögen-
shaftung", 841. 반면 김능환, 48면; 김창종, 167면은 수익자가 채무자를 상대로
부당이득반환청구권이나 구상권을 가진다고 서술하나, 이는 본문에서 살펴본 대
로 상대적 효력을 고수하는 이상 타당할 수 없다.
33) 그러한 의미에서 이동진, "채권자취소권", 52면에서 책임설이 상대적 무효설의 계
속 발전이라고 말할 수 있다는 설명은 게어하르트의 형성권설 비판의 내용을 고
려할 때(주 30 참조) 다소 의문이 있다.

환을 청구할 수는 있을 것이다. 그러나 병이 부동산을 증여로 취득하였다면
그는 아무것도 청구할 것이 없어 1억 원을 상실한다. 한편 병이 대물변제로
취득하였다면 원래의 채권이 부활할 것이고 매매로 취득하였다면 지급하였
던 대금의 반환을 청구할 수 있을 것이기는 하지만, 이미 무자력이 입증된
을에게 귀속된 1억 원으로부터 과연 얼마만큼 회수할 수 있을지는 장담하
기 어렵다. 요컨대 절대적 효력설에서도 채권자취소의 규범목적을 넘어서는
원상회복이 일어난다.

   (3) 그리고 이상의 비판은 우리나라에서 주장되는 청구권설(채권설)에 대
해서도 그대로 타당하다. 이 견해는 강제집행 수인의 소가 없는 우리 법제
에서 책임설을 받아들일 수 없다고 지적하면서도,[34] ─놀랍게도─ 바로 그
강제집행 수인의 소를 주된 반환 방법으로 상정하는(!) 독일의 청구권설을
"우리나라에서 충분히 응용될 수 있는 이론"이라고 평가하면서 채택한다.[35]
그에 따르면 "채권자취소권은 법정채권관계를 발생시키는 것으로, 이에 기
한 원상회복청구권은 법률이 규정한 채권적 청구권"이라고 한다.[36] 그러나
이러한 서술과 "채권설"이라는 명칭 사이에는 모순이 있으며, 이는 독일 학
설의 오해에서 기인하는 것으로 보인다. 채권자취소권의 행사로 법정채권관
계가 발생하고 채권적 원상회복청구권이 발생한다면, 그것은 개념적으로 채
권자취소권이 형성권이라는 의미에 다름 아니다. 물론 기존의 통설은 취소
에 따라 사해행위가 상대적 무효가 되는 결과 책임재산 반환을 내용으로 하
는 법정채권관계인 원상회복관계가 성립한다고 설명하는 반면, 우리나라의
채권설은 취소로 기존의 사해행위와 병존하여 책임재산 반환을 내용으로
하는 법정채권관계가 발생한다고 설명한다는 점에서 차이는 있다. 그러나
채권자취소권의 행사에 따라 형성적으로 법정채권관계가 발생한다고 보는
점에서는 다르지 않다. 반면 독일의 청구권설은 사해행위가 있으면 그 시점

---

34) 김재형, "본질과 효과", 16면.
35) 김재형, "본질과 효과", 18-19면.
36) 김재형, "본질과 효과", 19면.

부터 당연히 각 채권자와 수익자 사이에 법정채권관계가 성립한다고 이해하며, 채권자취소권 자체가 이미 성립한 법정채권관계에 따른 권리이기에 형성적 효력이 없다고 말한다.[37] 즉 독일의 청구권설에서는, 우리 채권설이 말하는 것처럼 채권자취소권이 법정채권관계를 발생시킨다고 보는 것이 아니라, 사해행위로 이미 발생해 있는 법정채권관계의 내용으로 채권자취소권이 주어지는 것이다. 그 결과 실제로 사해행위 자체에 대한 효력이라는 문제를 제외하고는 우리나라의 채권설과 기존 통설은 취소권 행사에 의해 형성적으로 책임재산 회복을 내용으로 하는 법정채권관계가 성립한다고 보는 점에서 큰 차이를 인정하기 어렵다. 그리고 바로 그렇기 때문에 이 채권설은 청구취지에 취소를 포함시킬 필요가 없다는 점을 제외하면[38] 대부분의 쟁점에서 기존 통설·판례와 동일한 결론에 도달한다. 이 점은 규범목적을 벗어나는 과도한 원상회복이라는 앞서의 비판과 관련해서도 마찬가지이다. 이 견해는 사해행위 자체를 취소하여 무효화하는 것은 책임재산 반환이라는 제도 목적에 어긋난다고 주장하면서도,[39] 부동산 양도의 경우 채무자로의 등기 회복을 주장하는 등 채무자에 대한 원물반환을 주장하고 있다.[40] 그렇다면 앞서 살펴본 부동산 양도의 예시에서 나타난 불합리한 결과는 여기서 주장되는 채권설에서도 그대로 동일한 모습으로 나타날 수밖에 없다.[41] 취소채권자와 수익자의 관계는 상대적인 채권관계로 채무자에 대한 관계에 영향을 미칠 수 없기 때문이다. 이 견해 역시 취소채권자 만족을 위한 범위에서만 원상회복이 이루어진다는 자신의 약속을 지키지 못한다. 그

---

37) Gaul/Schilken/Becker-Eberhard, § 35 Rn. 20; Gerhardt, S. 6f. 등 참조.
38) 김재형, "본질과 효과", 21면 이하.
39) 김재형, "본질과 효과", 21면.
40) 김재형, "본질과 효과", 26면 이하.
41) 이 점에서 이 견해와 독일의 청구권설의 차이가 극명하게 나타난다. 독일의 청구권설의 경우 채무자에게 회복하여 강제집행하는 방법이 아니라 채권자가 강제집행의 수인을 청구하는 방법으로 만족을 받으며, 따라서 취소채권자의 채권액을 벗어나는 액수는 수익자의 재산에 남게 된다. Gaul/Schilken/Becker-Eberhard, § 35 Rn. 20 참조.

원인은 취소채권자와 수익자 사이의 법정채권관계로부터는 도출되지 않는 절대효를 바로 채무자에 대한 반환이라는 형태로 형성적으로 부가하였기 때문이다.[42] 그러므로 이 견해는 —아마도 처음의 의도와는 달리— 결국 그 설명의 기본틀과 구체적 해결에 있어 종래 통설의 한 변형에 지나지 않는다고 생각된다. 다만 통설과는 달리 사해행위의 효력을 유지하면서 동시에 회복을 내용으로 하는 법정채권관계를 형성적으로 창설함으로써 예컨대 채무자가 수익자에 대한 저당권부 채권을 면제해 주어 저당권 말소등기가 경료된 경우 취소채권자가 과연 어떻게 청구권 행사로 책임재산을 회복할 수 있는지와 같은 대답하기 어려운 문제[43]를 스스로 떠안을 뿐이다.

3. 책임설에 대한 재검토

(1) 이상의 내용에 따른다면, 우리나라에서 그동안 주장되던 이론 중 채권자취소의 규범목적에 부합하게 취소채권자의 만족이라는 범위에서만 책임재산을 회복하도록 하는 구성으로는 책임설만이 남는다.[44] 책임설은 채무자

---

42) 그 결과 상대적 무효설의 모순(앞의 주 4 참조)은 이 견해에서도 그대로 나타난다. 예컨대 부동산 양도가 취소되어 명의가 채무자에게 회복되는 경우, 소유권은 누구에게 있게 되는가? 채무자에게 복귀한다고 해석한다면, 이는 절대효를 인정하는 것이 되어 채권설의 전제에 위배된다. 반면 여전히 수익자에게 있다고 해석한다면, 상대적 효력설에서와 마찬가지로 채무자에 대한 관계에서 부당집행이 된다는 난점이 발생한다.

43) 이에 대해 Gerhardt, S. 17ff. 참조.

44) 물론 독일 학설에서 주장되는 형태의 청구권설도 이러한 요청을 충족할 수는 있다(주 41 참조). 그런데 독일에서 청구권설과 책임설은 서로의 장점을 받아들임으로써, 특히 청구권설이 책임법적 차원을 가지는 채권자취소권의 규범목적을 고려해 채권자취소권에 단순한 채권적 청구권 이상의 효력을 인정함으로써(제3장 II. 4. (2) 참조) 상당 부분 서로 접근하였고, 그 결과 양자의 차이는 법률구성의 선택이라는 차원을 제외하면(예컨대 강제집행 수인의 소가 제기된 경우 청구권설은 수익자의 취소채권자에 대한 실체법적 강제집행 수인의무를 상정하는 반면 책임설은 이를 부정하고 책임법적 무효에 따른 집행법상의 수인의무를 상정한다) 크다고 하기 어렵다. Gaul/Schilken/Becker-Eberhard, § 35 Rn. 22 참조.

와 수익자 사이의 사해행위의 실체법적 효력은 그대로 유지하면서도 채권
자의 만족이 저해되는 범위에서만 이른바 책임법적 무효(haftungsrechtliche
Unwirksamkeit)를 인정해 일탈재산을 채무자의 책임재산에 속하게 함으로써
채권자취소권의 규범목적에 부합하는 결과를 구성해 낼 수 있기 때문이
다.45) 채권자들을 사해하는 사정은 채무자의 법률행위가 있었다는 사실이라
기보다는 그 법률행위에 수반하는 책임재산 이탈이라는 효과이므로, 채권자
취소는 그 책임재산 이탈의 효과만을 무효로 하여 일탈재산의 실체법적 귀
속은 수익자에게 그대로 두면서 이를 채무자의 책임재산으로 복귀시키는 효
과만을 가져온다고 이해하는 것이다. 이로써 일탈재산은 수익자에게 귀속하
면서도 채무자의 책임재산에 속하는 결과가 발생하며, 수익자는 물상보증인
과 비슷하게 타인 채무에 대해 (유한)책임을 부담하는 지위에 있게 된다. 결
과적으로 사해행위로 이탈한 재산은 채권자취소의 목적에 상응하는 범위에
서만 채무자 책임재산으로 회복된다.

그렇다면 일찍부터 우리나라에 소개되어 그 내용이 충분히 요해되고 있는 책임
설에 더하여 굳이 독일에서 주장되고 있는 형태의 청구권설을 새로 도입할 필요
는 없다고 생각된다. 이에 더하여 청구권설이 가지는 문제점도 고려되어야 한다.
우선 첫째로, 독일에서 비판되는 바와 같이, 책임재산 회복을 내용으로 하는 법
정채권관계가 발생하여 채권자취소권이 부여된다는 설명은 어떠한 이론적 해명
이 아니라 법률의 내용을 그대로 다른 말로 표현하는 것에 지나지 않는다(청구권
설의 입장에서 이를 자인하는 Cosack, S. 25). 그러한 의미에서 청구권설은 "법
적 구성이 아니라 법적 구성의 포기이다."(Schulz, 243). 둘째, 앞서 언급하였지
만(주 43 및 본문 참조) 채무자가 수익자에 대한 저당권부 채권을 면제해 주어
저당권 말소등기가 경료된 경우 취소채권자가 과연 어떻게 청구권 행사로 책임
재산 회복할 수 있는지 등과 같이 청구권설로는 해결하기 쉽지 않은 쟁점들이
존재한다(이동진, "채권자취소권", 57면도 참조). 셋째, 정말로 수익자의 실체법
적 법정의무가 존재한다면, 집행법의 일반 원칙에 따라 간접강제의 방법으로 이
를 강제하는 것도 가능하여야 할 것임에도 청구권설은 책임법적인 고려에 기초
해 오로지 공취를 허용하는 구제수단만을 인정한다. 그렇다면 과연 원상회복을
내용으로 하는 법정채권관계의 존재를 굳이 상정할 실익이 무엇인지 의문이다
(Gaul/Schilken/Becker-Eberhard, § 35 Rn. 25 참조).

45) Paulus, 300ff., 314ff.

이러한 설명에 대해서 책임법적 무효라는 개념이 기존 법이론이 알지 못하는 것이라는 지적이 행해지기도 한다.46) 그러나 어떤 새로운 개념이 해결되어야 할 법률관계를 적절히 포착하여 설명할 수 있는 동시에 기존 법질서에 무리 없이 통합될 수 있다면,47) 그동안 알지 못하던 개념이라고 이를 배척할 이유가 전혀 없다. 그렇지 않다면 우리는 예컨대 물권행위도, 형성권도, 제척기간도 가지지 못하고 있을 것이다. 이러한 사정은 책임법적 무효와 관련해서도 마찬가지이다. 예컨대 100여 년 전 타인 채무에 대해 책임만을 부담하는 지위를 납득하기 어려웠던 학설이 저당권자는 채권자에 대해 피담보채권액에 대한 채무를 부담하지만 그에 대한 책임은 일반재산이 아닌 저당부동산만으로 진다고 설명하기도 하였다. 그러나 그러한 주저는 이후 극복되었고 이제 저당권자가 자신의 채무 부담 없이 타인 채무를 이유로 책임을 진다는 관점이 자명한 것으로 받아들여진다.48) 마찬가지로 채권자에 대한 사해를 이유로 타인 채무에 대한 책임이 발생한다는 설명이 민법의 채권자취소권을 적절하게 설명한다면, 책임법적 무효라는 새 개념을 거부할 필요는 없다. 저당권이 계약에 따른 타인 채무에 대한 책임에 해당한다면, 채권자취소는 법률에 따른 타인 채무에 대한 책임에 해당한다.

(2) 물론 우리 학설에서는 책임설이 이론적으로 우수하다는 점은 인정하면서도,49) 무엇보다도 독일에서 책임설이 주된 행사방법으로 상정하고 있는 강제집행 수인의 소를 우리 법제가 알지 못하기 때문에 현재로서는 수용하기 어렵다는 견해가 지배적이었다.50) 그리고 그러한 이유에서 책임설적

---

46) Gaul/Schilken/Becker-Eberhard, § 35 Rn. 24; 김재형, "본질과 효과", 16-17면; 오시영, 120-121면.
47) Koziol, S. 46은 종래 학설에서도 재산 귀속의 처분적 측면과 책임재산적 측면은 구별되고 있었음을 지적한다.
48) Baur/Stürner, § 36 Rn. 68 참조.
49) 곽윤직, 신정판, 273면("가장 뛰어난 이론"); 김대정·최창렬, 254면("설득력이 있다"); 주석 채총(2), 제4판, 214면(손진홍)("이론상 우수"); 김상용, 240면("절차상 간편"); 정기웅, 275면("우수") 등.

관점을 채택하면서도 이러한 난점을 제거하고자 하는 일본의 소권설은 민법이 정하는 채권자취소권을 아예 강제집행 수인의 소권으로 해석하고 있기도 하다.51) 그러나 우리 법제에서 강제집행 수인의 소가 인정되지 않기에 책임설을 수용할 수 없다는 의견은 우리 집행법제를 고려할 때 타당하지 않다.

강제집행 수인의 소는 독일 민사소송법에서 채무 부담 없이 재산책임을 부담하는 일련의 사례를 배경으로 집행을 시도하는 채권자에게 집행권원을 창출해 주기 위해 인정되는 이행의 소의 일종이다.52) 대표적인 예를 하나 살펴본다면, 독일에서 저당권자는 저당부동산으로부터 만족을 받으려면 강제집행의 방법에 의해야 하므로(독일 민법 제1147조) 이를 위해 집행권원이 필요하다. 따라서 독일에서 저당권자는 달리 확보된 집행권원이 없다면 저당부동산 소유자를 상대로 강제집행을 수인하는 소를 제기하여 판결을 받아 이를 집행권원으로 하여 저당부동산에 강제집행을 함으로써 만족을 받는다.53) 그러나 우리 법제는 이러한 태도를 채택하고 있지 않다. 저당권자에게는 원칙적으로 경매권이 부여되어 있으며(제363조 제1항), 그에 따라 저당권자는 자신의 저당권을 증명하는 서류를 제출하여 경매를 신청한다(민집 제264조 제1항). 이 사례에서 나타나는 바이지만, 독일에서 강제집행 수인의 소에 의해 해결되는 문제가 우리 법제에서는 다른 관점에서 다른 규율로 해결되고 있다. 그리고 바로 그렇기 때문에 우리 법제는 굳이 강제집행 수인의 소를 별도로 규정하고 있지 않은 것이다. 그렇다면 채권자취소권과 관련해 책임설을 검토할 때 학설이 취해야 할 합리적 태도는, 강제집행 수인의

---

50) 곽윤직, 신정판, 273면; 김대정·최창렬, 254면; 주석 채총(2), 제4판, 214-215면(손진홍); 송덕수, 237면; 이덕환, 281면; 김상용, 240면; 정기웅, 275면; 서광민, 224면 등.
51) 平井, 279면 이하, 그리고 이를 이어받아 佐藤, 詐害行爲取消權. 소권설의 내용에 대해 주석 채총(2), 제4판, 210-212면(손진홍) 참조.
52) Rosenberg/Schwab/Gottwald, § 89 Rn. 8ff.; 中野, 308면 이하 참조.
53) Jauernig/Berger, § 1147 Rn. 4.

소가 없다는 이유로 바로 "우수"하고 "뛰어난"(주 49 참조) 이론이라는 책임
설을 배척할 것이 아니라, 책임법적 무효로 발생하는 타인 채무에 대한 법
정책임이라는 사례에 적용할 수 있는 집행법 규율을 탐색하는 것이어야 한
다. 그리고 그 과정에서 기존 규정을 유연하게 해석하고자 시도해 보는 것
은 물론이고, 필요하다면 유추의 방법으로 법형성을 해 나가는 것이 요구되
는지 고민해 보아야 한다.[54] 실제로 독일에서도 법률이 채권자취소권의 행
사 방법으로 강제집행 수인의 소를 정하고 있는 것이 아니라, 학설이 채권
자취소의 규범목적을 가장 잘 실현할 수 있는 집행방법으로서 기존에 있던
제도를 활용하였던 것임을 기억해야 한다.[55] 또한 강제집행 수인의 소를
알지 못하는 프랑스에서도 취소채권자에게 바로 수익자 소유의 일탈재산을
압류하여 집행할 수 있도록 제도가 운영되고 있다.[56] 그래서 예컨대 부동
산이 사해적으로 양도된 경우, 취소채권자는 저당권자가 제3취득자를 상대
로 집행하는 것에 준하여(민사집행법전 제L311-1조 참조) 수익자에게 있는 부
동산을 압류해 경매에 붙일 수 있다(saisie immobilière). 동산이 양도된 경
우에도 다르지 않다(saisie-vente; 동법 제L221-1조 참조).[57]

여기서 다시 갑이 을에 대해 1억 원의 채권을 가지고 있는 상황에서, 을
이 자신의 유일한 부동산(시가 2억 원)을 병에게 양도한 앞서의 사안(제3장
I. 2. (2) 참조)을 상정하기로 한다. 책임설에 따를 때, 을의 병에 대한 양도
는 그것이 사해행위로 취소되면 책임법적으로 무효이다. 즉 부동산은 실체
법적으로 병의 소유이지만, 갑의 피보전채권의 만족이 저해되는 범위에서는
을의 책임재산에 속하게 되고 나머지 부분만이 병의 책임재산에 속한다. 이

---

54) 이 점에서 비슷한 취지로 이동진, "채권자취소권", 52-53면. 반면 해석으로 강제
   집행 수인의 소를 인정하려는 견해로 유병현, 197면 이하.
55) 같은 취지의 관찰로 이동진, "채권자취소권", 52면.
56) Terré, Simler, Lequette et Chénedé, n° 1602; Sautionie-Laguionie II, n°
   110.
57) 개정 전 법률을 전제로 하는 서술이지만 우선 Sautionie-Laguionie I, p. 497
   note 338 참조.

는 갑이 사해행위 취소 대상인 부동산에 대해 병의 일반채권자보다 우선하
여 만족을 받는 지위에 있음을 의미한다(상세한 내용은 제3장 II. 4. 참조). 그
렇다면 갑의 지위는 우리 민법이 알고 있는 담보물권은 아니지만, 적어도
그 부동산에 대해 수익자의 일반채권자보다 우선하여 만족을 받을 수 있는
권능을 취소채권자에게 부여한다는 의미에서 일정한 담보권 유사의 지위에
해당한다고 말할 수 있다.58) 여기서 취소채권자의 지위가 민사집행법 제
264조가 말하는 "부동산을 목적으로 하는 담보권"은 아니더라도, 책임설의
관점에서 취소채권자의 지위가 해당 부동산에 대한 담보권을 가지는 것과
비슷하다는 점을 이유로 이 규정을 유추 적용하는 것이 부당하다고 말할 수
는 없다(프랑스에서의 상황에 대해 앞의 주 57의 본문 참조).

    이상의 서술에 따를 때, 갑은 책임설의 관점에서 다음과 같이 사해행위를
취소하여 원상회복할 수 있다. 갑은 병을 상대로 사해행위 취소의 소를 제
기하여 판결을 받아야 한다(제406조 제1항; 제3장 II. 1. 참조). 이 판결이 확
정됨으로써 갑은 병의 일반채권자에 대한 관계에서 취소 대상인 부동산에
대해 담보권 유사의 지위를 획득한다. 갑은 민사집행법 제264조에 따라 경
매를 신청해야 하는데, 여기서 갑이 자신의 담보권적 지위를 증명하는 서류
는 사해행위 취소 판결 및 채무자에 대한 집행권원이다. 우리 민법은 채권
자취소권의 요건으로 채무자에 대한 집행권원을 요구하지 않고 있으므로,
채권자가 사해행위 취소의 소를 제기하여 판결을 받을 때까지 집행권원을
제시할 필요는 없다. 그러나 수익자를 상대로 집행에 들어가는 경우, 그는
채무자에 대해 가지는 채권을 이유로 강제집행을 시도하는 것이므로 사해
행위 취소 판결 외에 당연히 채무자에 대한 집행권원을 제시하여야 한다.59)
이는 종래 통설과 실무에 따를 때 취소채권자가 채무자 명의로 회복된 부동

---

58) 물권적 담보권과 취소채권자의 지위가 넓은 범위에서 비슷하며 서로 상응한다는
    점을 지적하는 Koziol, S. 58f. 참조.
59) 독일과 달리(독일 채권자취소법 제2조 참조) 채권자취소권의 요건으로 집행권원
    을 규정하지 않고 있는 프랑스 민법의 해석에서도 같다. Terré, Simler, Lequette
    et Chénedé, n° 1591 참조.

산에 강제집행을 하려면 집행권원이 필요했던 것과 비교할 때 자명한 내용이라고 말할 수 있다.

(3) 현행법상 이렇게 직접 수익자를 상대로 집행을 가능하게 하는 해석에 대해서는 제407조와의 관계에서 난점이 있다는 비판이 제기되고 있다. 앞서와 같은 해석을 할 경우, 취소 판결이 없는 다른 채권자가 그 목적물을 압류하는 것은 불가능하고, 판결절차가 아닌 집행절차에서 취소판결정본을 가지고 있지 아니한 채권자가 다른 채권자의 취소 판결의 존재와 자신이 그 이익을 받은 채권자임을 소명하여 수익자 재산을 압류하게 하는 것은 곤란하며, 압류를 위해 취소채권자에게는 소제기를 요구하고 다른 채권자에게는 이를 요구하지 않는 것은 균형이 맞지 않는다는 것이다.[60)]

이는 경청할 만한 지적이기는 하지만, 우리 민사집행법의 구조와 규율 태도에 비추어 반드시 설득력 있는 이의라고는 생각되지 않는다. 동법은 ―그 입법적 정당성에 관한 논의는 별론으로― 집행권원이 있는 일반채권자가 스스로 압류하지 않고서도 배당을 요구함으로써 타인이 압류로 개시한 집행에 "편승"할 가능성을 일반적으로 허용하고 있기 때문이다(민집 제88조 참조). 그러므로 앞서 사례에서 예컨대 채무자 을을 상대로 사해행위 당시에 채권을 가지고 있었던[61)] 채권자 정은 취소채권자 갑이 개시한 경매절차에서 을에 대한 집행권원을 가지고 배당을 요구할 수 있다고 해석해야 한다.[62)] 제407조에 따라 취소 판결의 효력은 정에게 미치며, 그가 사해행위 당시 채무자 을에 대해 가지고 있던 채권의 존재 및 그 액수가 확정되어 있는 집행권원을 제시하는 이상 그에게 배당요구를 거부할 이유는 찾을 수 없기 때문이다. 취소채권자와 제407조을 원용하는 채권자는 취소로 회복된 재산으로부터 평등하게 만족을 받는다.

---

60) 이동진, "채권자취소권", 53-54면.
61) 이 쟁점에 대해서는 일단 판례의 태도를 전제로 한다. 大判 2009.6.23., 2009다 18502, 공보 2009, 1185.
62) 같은 취지로 中野, 302면 참조.

앞서의 비판은 제407조의 효력을 받는 채권자가 사해행위로 일탈한 재산에 반드시 스스로 압류를 해야 하는 것을 전제로 하고 있으나, 이상에서 보았듯 이는 우리 민사집행법에서 필연적인 내용이라고 말할 수는 없다. 오히려 무슨 이유에서 집행절차에서 집행권원을 가지고 배당요구를 할 수 있는 일반 채권자가 제407조에 따라 동일한 지위가 인정되는 장면에서 굳이 같은 형태의 배당요구를 할 수 없어야 하는지 이해하기 어렵다. 그렇다면 제407조의 입법정책적 타당성은 별론, "상대적 효력설과 등기명의 복귀 방식 사이의 갈등[…]을 해결하고 나면 제407조는 존치하여도 심각한 해석 문제를 발생시키지 않는 것으로 보"인다.63) 그리고 제407조에 따른 이러한 배당요구를 인정한다면, 다른 채권자가 배당요구를 할 것이 명백한 경우 취소 채권자가 자신의 채권액을 넘어서까지도 취소를 구할 수 있다는 판례는 여전히 의미를 가질 것이다(제3장 II. 1. (3) 참조).64)

II. 책임설에 따른 사해행위 취소

지금까지 책임설에 따라 채권자취소권을 이론 구성하는 가능성을 살펴보았다. 특히 그 과정에서 강제집행 수인의 소의 부재를 근거로 하는 비판은 독일과 우리의 집행법제 차이를 고려하지 않은 것임을 지적하였다(제3장 I. 3. (2) 참조). 아래에서는 책임설의 관점에서 채권자취소권의 행사와 효과를 보다 구체적으로 살펴보기로 한다.

---

63) 전원열, "비판", 245면.
64) 大判 1997.9.9., 97다10864, 공보 1997, 3051. 中野, 302면 참조. 물론 차이는 존재한다. 기존 판례에 따른다면 다른 채권자들이 배당요구한 액수가 초과 취소된 액수에 못 미치는 경우 남는 금액은 채무자에게 반환되지만(주 31 참조), 본문에서 서술한 방법에 따를 때 남는 금액은 수익자의 재산에 되돌려진다. 여기서도 책임설에 따르는 해결이 보다 타당한 결과를 가져오는 것을 알 수 있다.

1. 행사와 효과 일반

(1) 권리의 내용

사해행위가 행해진 경우, "채권자는 그 취소 및 원상회복을 법원에 청구할 수 있다."(제406조 제1항 본문)

책임설에 따를 때 여기서 말하는 취소는 사해행위의 실체법적 귀속은 수익자에게 그대로 둔 채 책임재산의 귀속만을 수익자에서 채무자로 변경하는 책임법적 무효를 발생시키는 것을 의미하며, 원상회복은 책임법적 무효의 결과로서 사해행위로 일탈한 재산에 대해 집행 가능한 상태가 취소채권자에게 창출되는 것을 지시한다. 채권자취소에 따른 책임법적 무효로 취소채권자 및 취소의 효력을 받는 채권자(제407조)는 일탈재산에 대해 수익자의 고유채권자에 우선하여 만족을 받을 수 있는 지위를 가지게 된다(상세한 내용은 제3장 II. 4. 참조). 그러한 의미에서 수익자는 법률에 따라 타인 채무에 대해 책임을 부담하게 된다.

물론 제406조는 의용 민법 시절의 학설 대립을 배경으로 우리 입법자가 당시 지배적이던 이른바 절충설을 채택하여 입법한 규정이라는 사실은 의심하기 어렵다.[65] 그러나 절충설에 따른 해석이 현재 이론적으로 그리고 실무적으로 처한 상황은 이러한 입법자의 구상에 그대로 머물기 어렵게 한다(제3장 I. 1. 참조). 그렇다면 법률의 문언이 허용하는 범위에서 채권자취소 제도를 보다 합리적으로 운영할 수 있는 해석론을 시도하는 법형성이 금지된다고 말할 수는 없다. 채권자취소 제도의 규범목적에 따른다면 취소채권자에 대한 관계에서 그 채권의 만족을 위해 필요한 범위에서만 사해행위의 효력이 번복되어야 한다. 현재 우리에게 주어진 학설 중 이러한 처리를 가능하게 하는 구성은 책임설이다(제3장 I. 2., 3. 참조). 이러한 규범목적에 비추어, 제406조 문언이 말하는 "취소 및 원상회복"은 책임법적 취소 그리고

---

65) 민법안심의록, 상권, 243면: "「원상회복」을 삽입한 것은 개량된 것이다. 종래 판례도 그렇게 되어 있다."

공취 가능한 상태의 창출이라는 의미에서 목적론으로 축소해석되어야 한다.

(2) 권리와 소송의 유형

이상의 설명에 따를 때, 채권자취소권은 책임법적 형성권이고, 채권자취소의 소는 형성의 소이다. 행사의 상대방은 수익자 또는 전득자이다.

독일의 책임설의 경우, 통상 강제집행 수인의 소로 수익자에 대한 집행권원을 확보한 다음 이를 기초로 집행이 이루어지므로, 강제집행 수인의 소 제기 자체가 채권자취소권의 행사로 파악된다. 따라서 여기서는 이미 사해행위가 있으면 그 효과로 당연히 책임법적 무효가 발생하고, 그에 기초해 채권자취소권의 행사로 강제집행의 수인을 청구한다(독일의 청구권설에 대해서도 주 37의 본문 참조).[66] 반면 우리 법제에서 그렇게 해석한다면 채권자는 사해행위의 존재만으로 바로 책임법적 무효에 기초해 집행을 시도할 수 있는 결과가 되어 제406조가 재판상 행사를 요구하고 있는 것에 비추어 적절하지 않다. 그러므로 담보권적 지위를 가지고 있는 채권자에게 집행권원을 요구하지 않는 우리 법제에서 취소채권자는 채권자취소권을 재판상 행사하여 사해행위를 책임법적으로 취소하고 이로써 수익자에 속하는 일탈재산에 집행할 수 있게 된다고 해석해야 한다.[67]

원상회복은 별도로 청구되지 않으며, 법원도 판결 주문에서 이를 명할 필요가 없다. 책임설에 따를 때 사해행위 취소에 의해 취소채권자에게 일탈재산을 공취할 수 있는 상태가 창출되는 것으로 채권자취소의 목적은 달성된다. 이를 넘어서 수익자에게 어떤 급부를 할 의무를 부담시키는 것은 채권자취소의 제도 목적에 비추어 불필요하다(주 44 마지막 부분도 참조).[68] 관점

---

66) Gerhardt, S. 293.
67) 中野, 300-301면 참조. 다만 이 견해는 취소로 창출된 책임법적 무효에 기초해 다시 강제집행 수인의 소를 제기해야 한다고 해석한다. 또한 Koziol, S. 105f.도 참조.
68) Paulus, 301f.

에서 따라서는 이러한 해석이 "취소 및 원상회복을 법원에 청구"한다는 문언에 위배된다고 생각할지도 모른다.[69] 그러나 이는 반드시 필연적인 것은 아니다. 책임설의 입장에서 취소에 따른 책임법적 무효는 즉시 그리고 법률상 당연히 공취 가능한 상태의 창출(원상회복)을 수반하므로, 문언이 "취소 및 원상회복"을 청구한다고 규정하는 것은 어색하지 않다. 즉 채권자는 사해행위의 취소 및 이로써 자동적으로 행해지는 원상회복을 청구한다고 말할 수 있는 것이다. 실제로 제406조의 문언에도 불구하고 종래 통설·판례가 목적상 충분한 경우 원상회복을 청구하지 않고 취소만 청구하거나 추후 원상회복을 전제로 취소만 먼저 청구하는 것도 가능하다고 해석할 때[70] 그것이 문언에 반한다고 생각되지는 않고 있었다. 그때에도 원상회복은 취소에 부수하는 효과로서 생각되었기 때문이다. 이제 책임설에 따라 채무자 명의로의 복귀를 배척하고 취소채권자에게 공취 가능성만을 창출하는 것으로 원상회복의 내용을 이해한다면, 이 원상회복은 별도로 청구할 바 없이 취소에 의해 자동적으로 창출된다. 물론 제406조의 문언에 충실하도록 굳이 청구취지에 "취소 및 원상회복"을 청구하게 하고 법원이 그에 상응해 "취소 및 원상회복"을 명하게 하는 것도 충분히 가능하기는 하다. 다만 이는 동일한 결과에 도달함에도 굳이 다섯 글자를 더 쓰는 것에 지나지 않는다.

(3) 일부취소의 원칙

취소는 사해행위에 의해 취소채권자의 만족이 방해받는 범위에서만 청구되고 그 범위에서만 명해져야 한다. 즉 일부취소가 원칙이다.

종래 판례는 취소에 의하여 원상회복되어야 할 이익이 가분적인 경우 취소의 범위는 취소채권자의 채권액을 넘을 수 없어 일부취소를 해야 한다고 하면서도,[71] 취소에 의하여 원상회복되어야 할 이익이 불가분적인 경우(전

---

69) 서광민, 224면.
70) 주석 채총(2), 제4판, 285면(손진홍); 大判 2001.9.4., 2001다14108, 집 49-2, 57 등 참조.

형적으로 부동산 소유권)에는 취소채권자는 채권액을 넘어서도 사해행위의 전부를 취소할 수 있다고 하였다.[72] 그러나 후자와 같은 예외가 인정될 수밖에 없었던 이유는 특히 원상회복으로 부동산 등기명의를 말소를 통해 채무자로 회복해야 하는데 일부 말소에 해당하는 경정등기로는 그것이 불가능했기 때문이다. 그러나 책임설에 따라 구성할 경우 취소채권자는 바로 수익자의 일탈재산에 집행을 하여 환가를 통해 만족을 받으므로 그가 회복하는 이익은 기본적으로 가분적인 것으로 취급되어야 한다. 예컨대 앞서의 예에서(제3장 I. 2. (2) 참조) 갑이 유일한 채권자로서 을에 대해 1억 원의 채권을 가지고 있는데 을이 유일한 부동산(가액 2억 원)을 사해행위로 병에게 양도하였다면, 이를 취소한 갑은 이 부동산에 경매를 신청하여 1억 원의 배당을 받을 것이므로 부동산 소유권이 불가분적이더라도 법원은 부동산 양도를 1억 원의 범위에서만 취소해야 한다. 그리고 이렇게 일부취소를 함으로써 취소 판결로부터 취소채권자가 만족받을 수 있는 범위가 명백히 나타나게 된다.

물론 이렇게 이해하더라도, 앞서 살펴본 대로 제407조의 효과에 따라 일정한 일반채권자의 배당요구가 가능할 것이므로(제3장 I. 3. (3) 참조), 그들이 배당요구를 할 것이 명백한 경우에는 취소채권자가 자신의 채권액을 넘어서까지도 취소를 청구할 수 있다고 해석할 수밖에 없다(주 64의 본문 참조). 해석론으로서는 제407조의 존재 때문에 불가피한 결론이다.

2. 원물반환의 방법

채권자취소권의 행사로 발생한 책임법적 무효에 기초해 취소채권자에게는 사해행위 이전과 같은 책임재산 상황이 회복된다. 그는 원칙적으로 수익자에 속한 일탈재산에 집행함으로써 만족을 받는다. 이러한 원물반환의 방

---

71) 大判 2010.8.19., 2010다36209, 공보 2010, 1793.
72) 大判 1975.2.25., 74다2114, 집 23-1, 84; 1997.9.9., 97다10864, 공보 1997, 3051(방론).

법은 사해행위의 유형에 따라 달라질 수 있다.

(1) 부동산 양도

부동산이 사해행위로 양도된 경우의 원물반환에 대해서는 이미 살펴보았다(제3장 I. 3. (2) 참조). 취소채권자는 민사집행법 제264조의 유추 적용에 의하여 자신의 취소채권자로서의 우선적 지위를 증명하는 서류 즉 취소 판결 및 채무자에 대한 집행권원을 제출함으로써 사해행위로 일탈한 부동산에 대해 집행을 한다.

저당권이 설정된 부동산이 양도되는 경우, 저당권의 피담보채권액을 공제한 나머지 가치액을 기준으로 사해행위 여부가 판단될 것인데, 사해행위성이 긍정되는 경우 취소채권자는 마찬가지로 민사집행법 제264조의 유추에 따른 방법으로 만족을 시도한다. 기존 저당채권자는 취소채권자에 우선하여 만족을 받으며, 취소채권자는 나머지 금액으로부터 수익자의 일반채권자에 우선하여 만족을 받는다. 한편 취소채권자의 집행 이전에 저당권이 만족을 받고 소멸한 경우, 취소채권자는 선순위 부담이 없는 상태로 민사집행법 제264조의 유추에 따라 만족을 받으며, 저당권 소멸의 이익은 이로써 수익자의 재산으로 귀속한다.[73] 원물반환이 가능하므로 가액반환[74]은 행해지지 않는다.[75]

사해행위로 부동산이 양도된 후 수익자가 자신의 채권자를 위해 그에 저당권을 설정한 경우, 저당권자가 선의라면 그는 전득자로서 보호를 받는다

---

73) 전원열, "설계", 206면은 부동산 환가액으로부터 저당권 말소에 소요된 금액을 공제하고 나머지 금액만이 취소채권자에게 배당되어야 한다고 서술한다. 그러나 이 책의 관점에서는 이미 선순위 저당권의 피담보채권액을 공제한 나머지 부동산 가액과 취소채권자의 채권 침해액 중 적은 금액을 기준으로 일부취소가 명해질 것이므로(제3장 II. 1. (3) 참조), 취소가 명해진 범위에서 그대로 배당을 해도 무방하다.

74) 大判 1996.10.29., 96다23207, 집 44-2, 299.

75) 전원열, "설계", 206면.

(제406조 제1항 단서). 취소채권자는 그의 저당권의 부담을 전제로 민사집행
법 제264조의 유추에 따라 집행을 시도하여 전득자인 저당권자가 만족을
받은 다음 나머지 금액으로부터 만족을 받는다. 만일 해당 부동산으로부터
취소 금액 전부의 변제를 받지 못한다면, 나머지 금액에 대해서는 수익자에
대한 가액배상 청구권이 성립한다(제3장 II. 3. 참조). 종전과 같은 원물반환
과 가액반환의 선택을 둘러싼 논란76)은 해소된다.

이상의 내용은 예컨대 부동산 공유 지분이 양도된 경우에도 다르지 않
다.77) 다만 공유 지분을 사해행위로 다른 공유자에게 양도하여 단독소유가
성립한 경우, 집행 대상인 지분이 해소되었으므로 당해 지분에 한정된 집행
은 이제 가능하지 않다. 그러한 경우 취소채권자는 부동산 전체에 대해 집
행을 시도할 수 있지만 사해행위로 취득된 지분 범위에서만 만족을 받을 수
있다고 해석할 것이다.78)

(2) 동산 양도

동산 양도가 사해행위로 취소되는 경우 취소채권자의 수익자에 대한 집
행방법에 대해는 난점이 없지 않다. 왜냐하면 민사집행법 제271조는 동산
에 대한 담보권은 질권만이 존재한다는 전제에서79) 채권자가 목적물을 제
출하거나 점유자가 압류를 승낙한 때 경매가 개시한다고 규정하고 있어 사
해행위 취소를 집행하기에 적절하지 않기 때문이다. 취소채권자는 동산을
점유하고 있지 않으며, 통상 그 점유자인 수익자는 압류를 승낙할 이유가
없다. 그러므로 여기서는 사해행위 취소의 제도 목적에 보다 부합하는 담보
권 집행방법인 「동산·채권 등의 담보에 관한 법률」 제21조 제1항, 제22조,
민사집행법 제264조, 제272조를 유추하는 것이 합목적적이다. 특히 동법

76) 大判 2006.12.7., 2004다54978, 공보 2007, 115 참조.
77) 전원열, "설계", 208면.
78) Kirchhof, § 11 Rn. 52.
79) 주석 민집(6), 288면(전휴재).

제22조 제2항은 물상보증인이 목적물을 점유하는 사안도 적용범위로 상정하고 있어 그와 유사한 지위에 있는 수익자에게 유추하기에 적합하다. 이에 따르면 취소채권자는 취소 판결 및 채무자에 대한 집행권원을 제출하여 사해행위로 양도된 동산을 압류함으로써 집행을 개시한다(담보 제22조 제1항 및 제2항, 민집 제264조).[80] 이렇게 개시한 절차는 동산 집행의 규율에 따른다(담보 제22조 제1항, 민집 제272조). 담보권자에 준하는 지위를 가지는 취소채권자는 일탈재산인 해당 동산에 대해 수익자의 일반채권자에 우선하여 만족을 받는다(제3장 II. 4. 참조). 반면 취소채권자가 채무자에 대해 일반 채권자로서 집행하는 것 이상의 이익을 그에게 부여해서는 안 되므로 같은 법률이 정하는 사적 실행(담보 제22조 제2항)은 유추될 수 없다.

한편 수익자가 사해행위로 취득한 동산을 타인에게 임대하는 등 간접점유하고 있는 경우, 직접점유자를 전득자로 보아 법률관계를 판단한다.[81] 즉 그가 악의인 경우 채권자는 그를 상대로 사해행위 취소를 관철하여 집행할 수 있을 것이지만, 그렇지 않은 경우 수익자에 대해 가액반환 청구권을 행사할 수밖에 없다.

(3) 채권양도

채무자가 사해행위로 자신의 채권을 양도한 경우, 수익자인 채권 양수인을 상대로 취소 판결을 받은 취소채권자의 집행방법에 대해서는 무리 없이 민사집행법 제273조를 유추할 수 있다. 즉 취소채권자는 담보권의 존재를 증명하는 서류인 취소 판결과 채무자에 대한 집행권원을 제출하여 집행을 개시한다(동조 제1항). 구체적인 절차는 채권 집행의 규율에 따른다(동조 제3항). 여기서도 취소채권자는 수익자에 귀속하고 있는 채권에 대해 직접 집행해 만족을 받으며, 채무자에게 복귀시키는 방법을 사용하지 않는다.[82] 이

상의 내용은 저당권부 채권이 양도되고 부기등기가 경료된 경우에도 마찬
가지이다.[83]

(4) 기타 재산권의 양도

기타 재산권(지식재산권 등)의 양도가 사해행위로 취소된 경우, 취소채권
자는 수익자를 상대로 민사집행법 제273조를 유추하여 양도된 재산권에 집
행한다. 이는 기본적으로 채권집행의 규율에 따르나, 재산권의 성격상 특별
현금화방법에 따라 양도명령, 매각명령, 관리명령에 의해 환가하는 경우가
많을 것이다(민집 제273조, 제241조).[84]

(5) 저당권의 설정

채무자가 사해행위로 자신의 부동산에 저당권을 설정한 경우, 채권자가
저당권자를 상대로 설정행위를 취소하면 이는 책임법적으로 무효가 된다.
이는 해당 저당권은 유효하게 수익자에게 귀속하여 대세적으로 존속하지만,
취소채권자 및 취소의 효력을 받은 채권자(제407조)에 대한 관계에서는 저
당권이 확보한 가치가 채무자의 책임재산에 속함을 의미한다. 따라서 취소
채권자는 저당권 설정등기의 말소를 청구할 수 없다. 그는 채무자 소유의
저당권 부담 있는 부동산에 일반 채권자로서 강제집행을 해야 한다.[85] 그
리고 이 집행절차에서 취소채권자 및 취소의 효력을 받는 채권자(제407조)
에 대한 관계에서는 수익자의 저당권이 존재하지 않는 것처럼 배당을 한다.
즉 원래 사해행위에 따른 저당권자에게 배당되어야 하는 금액으로부터 취
소채권자 및 제407조에 따라 배당요구를 한 채권자가 취소 범위에서 먼저
만족을 받은 다음 나머지 금액이 저당권자에게 배당된다. 이 경우 채권자로

---

83) 전원열, "설계", 211면.
84) 전원열, "설계", 212면.
85) Paulus, 310; Gerhardt, S. 328; 中野, 304면.

서는 먼저 사해행위를 취소한 다음 강제집행을 시도할 수도 있겠지만, 종래 판례가 인정하는 것처럼 이미 채무자 부동산에 경매가 개시되었다면 배당이의의 소로서 채권자취소를 주장할 수도 있을 것이다.86) 여기서 저당권 등기를 말소한 다음 경매를 진행하여 수익자인 저당권자를 일반채권자로 취급하는 종래 판례87)와 비교할 때 수익자의 저당권자로서의 지위가 채권자취소의 효력을 고려하는 범위 외에는 대세적으로 그대로 유지되고 있음을 확인할 수 있다.

그러나 사해행위로 저당권 설정을 취소하기 이전에 배당표가 확정되었다면, 취소채권자는 저당권자가 가지는 배당금지급채권에 대해 집행을 하여 만족을 받아야 할 것이며, 이는 바로 앞의 (3)에서 살펴본 절차에 따라야 할 것이다. 물론 이 경우 종래 판례에 따라88) 취소채권자 및 제407조에 따라 배당요구한 채권자를 대상으로 추가배당을 하는 방법도 법형성으로서 고려해 볼 여지가 있다. 물론 배당금이 지급된 이후에는 가액반환 청구만이 고려된다.89)

이상의 내용은 사해행위로 전세권이 설정되거나 보증금 우선변제권이 행사되는 임차권이 설정되어 우선변제가 문제되는 경우에도 기본적으로 마찬가지이다.

(6) 용익물권의 설정

채무자가 사해행위로 자신의 부동산에 예컨대 지상권을 설정한 경우, 채권자가 이를 사해행위로 취소하여도 지상권은 실체법적으로 유효하게 존속한다. 다만 취소채권자가 채무자 명의의 부동산에 강제집행을 시도하는 장면에서 지상권은 취소채권자에 대해 순위에서 앞서는 취급을 받지 못한다.

---

86) 大判 2004.1.27., 2003다6200, 공보 2004, 434; Gerhardt, S. 330; 中野, 304면.
87) 大判 2009.12.10., 2009다56627, 공보 2010, 111.
88) 大判 2002.9.24., 2002다33069, 공보 2002, 2534.
89) 大判 2011.2.10., 2010다90708, 공보 2011, 576.

그 결과 지상권은 경매에서 경락인에게 인수되는 것이 아니라 소멸되도록 취급되어야 한다(민집 제91조 제3항).[90] 이 해결은 이 지상권이 부동산의 유일한 부담이거나 제일 마지막 순위에 있는 경우에는 무리 없이 관철 가능하다.[91]

문제는 사해행위로 취소된 용익물권의 후순위에 사해행위로 취소할 수 없는 다른 물권이 존재하는 사안이다. 예컨대 제1순위에 사해행위로 취소된 지상권이 있으나, 제2순위에 수익자 선의를 이유로 취소할 수 없는 저당권이 있는 경우, 취소채권자가 지상권에 앞선다는 이유로 경매에서 지상권을 소멸시킨다면 제2순위의 저당권자에게 이익이 발생하여 취소채권자 및 제407조에 따른 채권자의 이익으로만 효과가 발생한다는 규범목적에 반하는 결과가 발생한다. 그러나 그렇다고 이를 존속시키면 지상권의 존재로 감축된 책임재산은 회복되지 않는다. 관련하여 독일의 책임설이 주장하는 해법들[92]은 모두 독일의 집행법제를 전제로 한 것으로 우리 법의 해석으로는 채택하기 쉽지 않다고 보인다. 결국 원물반환을 불능으로 보아 가액반환을 인정할 수밖에 없을 것이다.[93]

이상의 내용은 사해행위로 설정된 임차권의 대항력이 행사되는 경우에도 기본적으로 마찬가지이다.

---

90) Sautionie-Laguionie II, n° 118; 中野, 305면 참조.

91) Paulus, 310f.; Gerhardt, S. 328f.

92) Paulus, 311; Gerhardt, S. 329f. 다만 이 문헌에서의 서술은 우리와 달리 집행절차에서 인수주의의 적용을 받는 저당권에 대한 것이라는 점에 주의해야 한다(독일 강제경매법 제44조, 제52조 참조). 사해적 저당권 설정에 관한 독일의 해석론은 저당법제(예컨대 강제저당이나 소유자저당의 존재)와 집행법제(저당권에 대해서도 원칙적으로 인수주의 채택)의 차이 때문에 우리나라의 사해적 저당권 설정과 관련해서는 그대로 참고될 수 없으며, 오히려 인수주의가 채택되어 있는 용익물권 설정과 관련해 참조할 만한 의미를 가진다.

93) Kirchhof, § 11 Rn. 69.

(7) 채무면제

채무자가 자신의 채무자에게 채무를 면제해 주었으나 채권자가 이를 사해행위로 취소하였다면, 채무면제된 채권은 취소채권자 및 취소의 효력을 받는 채권자(제407조)에 대한 관계에서 여전히 채무자의 책임재산에 존속하는 것으로 취급된다. 면제된 채무를 담보하기 위한 인적·물적 담보도 마찬가지이다. 물론 면제된 채권 및 이를 위한 담보는 실체법적으로는 대세적으로 소멸하였다. 그러나 취소채권자는 채무자의 면제된 채권을 압류하여 집행할 수 있으며, 면제를 받은 제3채무자는 책임법적 무효 때문에 압류가 무효라고 대항할 수 없다.94) 이로써 취소채권자는 이 채권에 전부명령 또는 추심명령을 받아 현금화할 수 있으며, 취소의 효력을 받는 다른 채권자(제407조)는 후자의 경우에만 배당을 요구할 수 있을 것이다(민집 제247조 참조). 이는 결과적으로 기존의 통설과 다르지 않다.95)

사해적 채무면제에 따라 이를 담보하기 위한 저당권이 소멸하고 말소등기까지 행해진 경우, 취소에 의해 책임법적 무효가 발생하여 저당권이 취소채권자에 대한 관계에서 원래의 순위로 채무자 책임재산에 속하게 되므로 취소채권자는 취소로 복구된 채권을 환가하는 과정에서 저당권이 부여하는 이익을 받을 수 있다. 저당권을 실행할 때 이를 증명하는 서류로는 피담보채권의 면제가 사해행위로 취소되었다는 취지의 확정판결과 채무자에 대한 집행권원을 제출해야 할 것이다.96)

3. 가액반환

지금까지 살펴본 원물반환이 가능하지 않은 경우, 채무자는 수익자를 상대로 가액반환을 청구해야 한다. 가액 산정의 기준 시점은 사실심 변론 종

---

94) 中野, 304면.
95) 주석 채총(2), 제4판, 332-333면(손진홍) 참조.
96) 주석 민집(6), 233-324면(전휴재) 참조.

결시이다.97) 가액배상의 확정으로 법정이율에 따른 지연이자가 가산된다.98) 원물반환에 인정된 책임법적 효과들은 그 불능으로 소멸하므로, 취소채권자가 가지는 수익자에 대해 가액반환 청구권은 순수한 채권적 금전 지급청구권이다.99) 이러한 성질 변화는 특히 바로 아래 살펴볼 수익자의 고유채권자에 대한 관계에서 의미를 가진다(제3장 II. 4. (4) 참조).

4. 수익자의 고유채권자에 대한 관계

(1) 문제의 제기

일탈재산을 수익자에게 귀속한 상태로 그대로 두고 취소채권자가 그에 집행하는 경우 수익자에게 귀속한 같은 재산으로부터 만족을 구하는 수익자의 일반채권자(고유채권자)와 이해관계의 상충이 발생할 수 있다. 예컨대 부동산 양도가 사해행위로 취소된 사안에서, 같은 부동산으로부터 취소채권자와 고유채권자가 모두 만족을 구하는 경우, 양측은 평등하게 만족을 받는가 아니면 어느 한편이 우선하는가?100) 또는 수익자에게 도산절차가 개시한 경우, 취소채권자는 단순히 도산채권자의 지위만을 가지는가 아니면 환취권, 회생담보권, 별제권 등 우선적인 지위를 가지는가?101) 이 문제에 대해 우리 판례가 반드시 일관된다고 하기 어렵다는 것은 이미 언급하였다(제3장 I. 1. (2) (마) 참조).

우선 여기서 일탈재산에 (가)압류를 한 고유채권자를 전득자로 보고 그의 선의 여부를 기준으로 해서는 안 된다.102) 제406조 제1항 단서의 규범목적

97) 大判 2001.9.4., 2000다66416, 공보 2001, 2162.
98) 大判 2009.1.15., 2007다61618, 종합법률정보.
99) Kirchhof, § 11 Rn. 104; Terré, Simler, Lequette et Chénedé, n° 1603.
100) 상대적 효력설을 전제로 하는 학설 상황에 대해 우선 이동진, "채권자취소권", 55-56면 참조.
101) 이동진, "채권자취소권", 54면 이하; 최준규, "도산절차", 93면 이하 참조.
102) 같은 취지로 이동진, "채권자취소권", 54-55면. 그러나 상대적 효력설의 관점에

은 채권자취소 제도의 효율성을 위해 전득자에까지 집행 가능성을 확장하면서 거래의 안전을 위해 선의의 전득자는 보호하려는 것이다. 그렇다면 전득자로서 고려되기 위해서는 사해행위 취소의 상대방이 되어 취소채권자의 집행을 받을 만한 재산상 지위를 자신의 재산에 독자적으로 취득하고 있어야 한다. 그러나 고유채권자와 취소채권자가 경합하는 경우 일탈재산은 아직 수익자의 재산으로부터 고유채권자로 이전되지 않았을 뿐만 아니라 채권자취소의 효과에 따라 수익자 아닌 채무자의 책임재산에 속하며, 어떤 재산이 자신의 채무자의 책임재산에 속한다는 신뢰는 그 자체만으로는 강제집행절차 또는 도산절차에서 보호되지 않는다.103) 고유채권자가 일탈재산에 가지게 된 이익은 아직 추상적 가치로 표현된 수익자 재산으로부터의 만족 기대에 그친다. 압류에 기초해 배당표가 확정된 때에 비로소 그는 전득자로서의 자격을 취득한다. 그러므로 수익자의 고유채권자는 압류가 있더라도 취소채권자에 대해 자신이 선의의 전득자임을 주장하여 방어할 수는 없다고 해야 한다.

(2) 책임법적 차원의 고려

종래 독일에서 취소채권자와 고유채권자 사이의 우열이라는 쟁점은 통설(청구권설)과 책임설이 다른 결과에 도달하는 —말하자면— 법적 성질론의

서 전득자로 취급하려는 견해로 이우재, 464-465면.

103) Henckel, § 143 InsO Rn. 87f., § 145 Rn. 31. 예컨대 제108조 제2항이나 제548조 제1항 단서에서는 해당 규정이 추구하는 다른 평가적 고려가 작용하므로 본문의 경우와 단순 비교할 수 없다. 전자의 경우 표의자의 의식적 외관 창출에 따른 신뢰 보호가, 후자의 경우 해제가 있기 전에는 압류 채무자가 여전히 소유자였기에 소급효를 제한한다는 고려가 작용하는 반면, 강제집행에서 어떤 재산이 자신의 채무자의 것이라는 신뢰는 일반적으로 보호되지 않기 때문이다. 그러한 의미에서 오영준, 174면 이하가 이를 상대적 효력의 문제가 아닌 것으로 파악하여 일단 취소채권자가 우선한다고 하면서도 고유채권자의 (가)압류가 있으면 그 처분금지효에 기해 고유채권자가 우선한다고 보는 설명에는 의문이 있다.

시금석104)으로 받아들여지고 있었다.105) 청구권설에 따르면 취소채권자의 권리는 법정채권관계에 기한 채권적 청구권에 지나지 아니하므로, 논리를 수미일관하게 적용한다면 취소채권자는 고유채권자에 반드시 우선한다고 말할 수 없고 수익자 도산의 경우 도산채권자로서만 만족을 받는다고 해석해야 한다. 반면 책임설에 따르면 책임법적 무효의 결과 일탈재산에 대해서는 취소채권자가 고유채권자에 책임법적으로 우선하는 지위를 가지게 된다. 물론 이러한 우선적 지위를 구체적인 집행절차와 도산절차에서 어떻게 구현할 것인지에 대해서는 논자마다 차이가 존재하였다.

그런데 청구권설을 일관하는 해석은 채권자취소권의 제도 목적에 정면으로 충돌하는 문제가 발생한다. 법률이 사해행위로 이탈한 재산과 관련해 마치 그러한 사해행위가 없었던 것처럼 취소채권자에게 만족을 주려고 하고 있음에도 불구하고 고유채권자의 압류나 수익자 도산이라는 우연한 사정에 의해 그러한 고려를 후퇴시킬 수밖에 없기 때문이다. 그래서 청구권설을 취하는 독일 판례와 상당수 학설은 매우 일찍부터 고유채권자의 압류에 대해 취소채권자가 제3자 이의의 소를 제기할 수 있다고 해석하고 있었다.106) 채권자취소권은 채권적 청구권이기는 하지만, 그 실질에 있어서 목적물이 상대방의 책임재산에 속하고 있음을 전제로 그 이전을 요구하는 청구권(독일 학설이 말하는 Verschaffungsanspruch)이 아니라 목적물이 상대방의 책임재산에 속하지 않음을 전제로 그 반환을 요구하는 청구권(독일 학설이 말하는 Herausgabeanspruch)에 해당하기 때문이라는 것이다.107) 한편 수익자 도산의 경우 판례는 이후에도 오랜 기간 취소채권자가 도산채권자에 지나지 않는다는 입장을 견지하고 있었으나, 2003년 종래의 입장을 포기하고 평가

104) Henckel, § 143 InsO Rn. 77.
105) 게어하르트의 교수자격 논문으로 책임설이 유력하게 된 직후인 1970년대의 학설 상황에 대해 문헌지시와 함께 우선 Blomeyer, S. 104f. 참조.
106) Gerhardt, S. 37 Fn. 211에 인용된 문헌 참조.
107) 이 두 개념의 구별 및 그것이 제3자 이의의 소와 관련해 가지는 의미에 대해서는 우선 Gaul/Schilken/Becker-Eberhard, § 41 Rn. 98 참조.

적인 관점에 기초해 취소채권자에게 환취권을 부여하는 태도로 선회하였고
통설의 지지를 받고 있다.108) 이로써 법적 성질과 관련해 청구권설을 취하
더라도 채권자취소권의 취지를 반영하는 목적론적 해석에 따라 책임재산의
귀속이라는 차원을 고려해야 한다는 점은 이제 학설에서 더 이상 의문시되
지 않고 있다.109) 이러한 해석이 타당함은 물론이다. 규범목적에 대한 성찰
없이 채권적 청구권이라는 개념으로부터 결론을 단순 도출하는 작업은 나
쁜 의미의 개념법학적 추론에 지나지 않기 때문이다.110) 그리고 같은 결론

---

108) 문헌지시와 함께 Kirchhof, § 11 Rn. 34. 이 문헌 자신은 별제권을 지지한다.

109) Gaul/Schilken/Becker-Eberhard, § 35 Rn. 22f. 참조.

110) 비슷한 맥락에서 예컨대 회생절차에서 취소채권자에게 환취권을 인정한 판례(주
26)에 대해 비판적인 최준규, "도산절차", 110면 이하는 그러한 책임법적 차원을
거의 고려하지 않으면서 채권자취소에 따른 원상회복관계를 일반적인 채권적 원
상회복관계와 단순 등치하여 논의를 전개하고 있어 의문이 있다. 이 문헌은 우리
법제가 압류채권자 보호에 친숙하고 호의적이라고 하면서, 일련의 (순수한!) 채
권법적 사례들을 들어 채권자취소에 따른 원상회복관계도 다를 바 없다고 주장
한다. 그러나 이러한 설명은 부당전제(petitio principii)라고 해야 한다. 이 문헌
이 비교하고 있는 일련의 채권관계에서 청구권자가 서로 상충하는 압류채권자에
대해 권리를 주장할 수 없다는 것은, 다툼의 대상인 재산이 압류를 받은 채무자
의 책임재산에 귀속함을 당연한 전제로 수용한 다음 청구권자가 주장하는 실체
법적 원상회복이 압류에 의해 창설된 지위를 번복할 수 있느냐의 문제에 대한
대답이다(본문에서 언급한 대로 독일 학설이 말하는 Verschaffungsanspruch가
문제되는 경우이다). 반면 취소채권자와 고유채권자 사이의 우열이라는 쟁점에
서 취소채권자는 사해행위 취소에 의해 해당 재산이 여전히 채무자의 책임재산
에 속한다고 주장하는 것이고(책임재산의 원상회복) 따라서 다투어지는 것은 압
류의 전제가 되는 수익자의 책임재산성이 과연 유지될 수 있는지 여부와 관계된
다(본문에서 언급한 대로 독일 학설이 말하는 Herausgabeanspruch가 문제되는
경우이다). 이 둘은 엄연히 다른 논점임에도 불구하고 이 문헌은 이를 구별하지
않고 혼용하여 주장을 전개하고 있으며, 그 과정에서 독일이나 프랑스에서 결정
적인 논거로 받아들여지고 있는 취권자취소권의 규범목적 즉 책임법적 차원의
고려에 대해서는 어떠한 서술이나 입장 표명도 발견할 수 없다. 이러한 취약성은
예컨대 사해행위로부터의 등거리성이라고 표현된 논거에서도 더욱 잘 나타난다
(최준규, "도산절차", 123면). 이 문헌은 채무자의 일반채권자와 수익자의 일반
채권자 모두 말하자면 사해행위의 피해자이며, 사해행위와 등거리에 있으므로

이 프랑스 민법의 해석으로도 인정된다. 수익자의 고유채권자가 선의로 담보권을 취득하는 등 전득자 요건을 충족하지 않는 한 취소채권자는 고유채권자와의 관계에서 일탈재산에 대해 우선적 지위를 누리는데, 그러한 관계에서 일탈재산은 수익자의 책임재산에 속한다고 볼 수 없기 때문이다.111)

이러한 관점은 우리 채권자취소권을 책임설에 따라 해석할 때에도 마찬가지라고 생각된다. 채권자취소 제도는 사해행위 시점을 기준으로 사해행위로 일탈한 재산이 수익자가 아닌 채무자의 책임재산에 귀속하게 하는 효과를 목적으로 한다. 그러므로 취소채권자가 집행하는 일탈재산에 대한 수익자의 고유채권자가 우선적이거나 동등한 지위를 가진다면 이는 채권자취소권의 취지에 반한다. 그러므로 취소채권자는 수익자의 고유채권자에 대해 우선적인 지위를 가진다고 보아야 한다.112)

"동등하게 보호하는 것이 공평"하다고 한다. 그러나 이 서술이 말하지 않고 있는 전제는 이 설명이 일탈재산을 이미 암묵적으로 수익자의 책임재산에 포함시키고 있다는 것이다. 여기서 "공평"은 이미 기울어져 있다. 오히려 진정한 쟁점은 책임재산이 채무자에게 속하는지 수익자에게 속하는지 여부이다. 책임재산은 채무자에게 속하든지 수익자에게 속하든지 어느 둘 중 하나이지, 둘 사이에서 "공평"하게 귀속할 수는 없다. 일탈재산을 암묵적으로 수익자의 책임재산에 포함시켜 수익자의 고유채권자를 우선하면서 "공평" "동등한 보호"를 말하는 것은 자신의 선결문제를 논증의 기초로 삼는 것에 다름 아니다. 채권자취소의 규율 의도에 따를 때 바로 그 전제 자체가 다투어지고 있으며, 따라서 바로 그 전제에 대해 논증이 필요하다. 법률 해석에서 중요한 것은 해석자 자신의 형평 감각에 따른 등거리성이 아니라 법률이 전제하고 있는 가치평가의 사정범위인 것이다. 그러나 예컨대 이동진, "채권자취소권", 56면의 서술은 그러한 책임법적 문제 제기로 충분히 볼 수 있음에도, 최준규, "도산절차", 123면 이하는 이를 전혀 다른 맥락에서 비판함으로써 이러한 측면을 간과하고 있는 것으로 보인다.

111) Terré, Simler, Lequette et Chénedé, n° 1604; Sautionie-Laguionie II, n° 114.

112) 中野, 303-304면 참조: "고유채권자의 채권에 대한 책임과 사해를 받은 채권자의 채권에 대한 책임이 경합하는 때에는 **의문의 여지 없이** 후자의 우선을 인정해야 할 것."(강조는 인용자)

(3) 원물반환

우선 일탈재산에 취소채권자가 집행을 하는 경우, 배당을 요구한 고유채권자는 취소채권자 및 취소의 효력을 받는 채권자(제407조)가 먼저 만족을 받고 남는 금전으로부터 배당을 받아야 한다. 반대로 고유채권자가 일탈재산에 집행을 하는 경우 취소채권자는 취소 판결 및 채무자에 대한 집행권원을 제시하여 배당을 요구할 수 있으며,[113] 이 경우 현금화한 대금은 취소 범위에서 취소채권자에게 우선하여 배당된다. 취소채권자로서는 고유채권자에 우선하여 만족을 받는 것에 의하여 그의 이해관계가 충분히 고려되므로 제3자 이의의 소를 부여해 집행 자체를 배제할 필요까지는 없다고 생각된다.[114]

수익자 도산의 경우 고려해야 할 점은 사해행위 취소에 의해 취소채권자는 일탈재산이 채무자의 책임재산에 속하는 것으로 강제집행할 가능성에 대해 보호받는 이익을 가지게 되었다는 사실이다. 즉 그에게 도산절차의 구속을 받지 않고 만족을 받을 가능성을 보장해 주어야 하는 것이다.[115] 파산절차에서 이는 별제권을 부여함으로써 무리 없이 충족된다(도산 제412조 참조: "파산절차에 의하지 아니하고 행사"). 일탈재산은 파산재단이 아닌 채무자의 책임재산에 속하기는 하지만, 어쨌든 실체법적으로는 수익자에게 귀속하고 취소 범위를 넘어서는 잔여가치가 도산절차에 활용되어야 한다는 점을 고려할 때 별제권의 인정이 취소채권자와 도산절차의 이익을 동시에 고려할 수 있기 때문이다.[116] 반면 회생절차에서 취소채권자에게 회생담보권자

---

113) 만일 취소채권자가 배당을 요구하지 않는다면, 취소의 효력을 받는 다른 일반채권자(제407조)는 배당을 요구할 수 없다고 보아야 한다. 그들은 취소채권자가 취소 판결의 효력의 연장을 받는 것에 지나지 않으므로, 취소채권자의 집행에 부수할 수는 있어도 단순히 채무자에 대한 집행권원만으로는 수익자에 대한 관계에서 일탈재산이 채무자의 책임재산에 속함을 주장할 수 없기 때문이다.

114) Gerhardt, S. 336. 中野, 304면도 참조.

115) Gaul/Schilken/Becker-Eberhard, § 35 Rn. 2 참조.

116) Gerhardt, S. 334; 中野, 304면.

로서의 지위만을 인정한다면 그는 도산절차에 구속되지 않을 이익을 상실하게 되므로(도산 제141조 제2항, 제131조) 환취권을 인정하여야 할 것이다(도산 제70조). 어느 경우든 취소채권자에게 위에서 서술한 집행방법(제3장 II. 2. 참조)에 따른 만족이 보장되어야 함을 의미한다.

(4) 가액반환

그러나 이상의 서술은 취소채권자가 원물반환의 방법으로 자신의 책임법적 우위를 주장할 때에 관한 것이다. 만일 원물반환이 불가능하여 취소채권자가 가액반환만을 청구해야 하는 경우, 그는 원칙적으로 수익자를 상대로 단순히 금전 지급청구권만을 가진다(제3장 II. 3. 참조).

물론 이때 대체적 환취권의 요건이 충족된다면(도산 제73조 제1항, 제410조 제1항) 취소채권자는 일탈재산을 대체하는 이익으로부터 만족을 받을 수 있다. 수익자 회생절차에서 환취권을 가지는 취소채권자가 대체적 환취권도 행사할 수 있음은 문언에서 명백하지만, 수익자 파산절차에서 별제권을 가지는 취소채권자에게도 마찬가지의 결과가 인정되어야 한다.[117] 법률의 문언이 환취권만을 언급하고 있다는 사정은 결정적인 장애가 되지 않는데, 별제권자의 우선적 만족을 침해하는 사정으로부터 발생한 이익이 파산재단에 현존하는 경우 그에 대위를 인정하는 해석은 별제권의 기초에 있는 우선적 지위 및 대체적 환취권의 취지에 비추어 자연스럽기 때문이다. 그러므로 대체적 환취권 규정을 유추하여 취소채권자는 일탈재산을 갈음한 이익에 대해 대체적 별제권을 행사할 수 있어야 한다.[118] 물상대위 규정이 없다는 사정만으로 취소채권자의 우선적 지위를 박탈할 이유는 찾을 수 없다.[119]

---

117) Gerhardt, S. 335f.

118) 우리 대체적 환취권 규정의 연원이 된 독일 구파산법 제46조, 현행 도산법 제48조와 관련해 확고한 통설·판례이다. 전거와 함께 Uhlenbruck/Brinkmann, § 48 Rn. 40 참조.

119) 같은 이유에서 일본에서도 양도 등이 있는 경우 별제권자 보호의 쟁점은 주로

그러나 그러한 요건이 충족하지 않는 경우, 취소채권자의 가액반환 청구권은 채권적 청구권으로서 수익자의 책임재산으로부터 추상적인 가치를 조달해 이전할 것을 구하는 권리에 지나지 아니하므로(독일 학설이 말하는 Verschaffungsanspruch) 이에는 책임법적으로 우선적 지위가 인정될 수 없다. 그러므로 취소채권자의 가액반환 청구권은 수익자가 도산한 경우 회생채권(도산 제118조) 또는 파산채권(도산 제423조)으로서의 지위만을 가진다.120) 적어도 현재의 이론 상황에서 가액반환 청구권을 공익채권(도산 제180조)이나 재단채권(도산 제475조)으로 상정하기는 쉽지 않다고 생각된다. 물론 우선변제적 지위를 가지던 취소채권자가 우연한 사정으로 인하여 만족 가능성을 상실하는 결과가 반드시 적절하다고 말하기는 어렵다.121) 그러나 특정되지 아니한 재산 일반에 가치에 따른 우선권을 인정하는 해결은 적어도 우리 법제의 해석론 차원에서는 아직 가능하지 않다고 보인다.122) 그래서 예컨대 소유자가 가장 강력한 권리인 소유권에 기초해 자신의 물건을 환취할 수 있다고 하더라도, 물건의 처분·멸실·소비 등에 의하여 대체적 환취의 가능성 없이 부당이득 반환청구권이라는 채권적 청구권의 형태로 추급 방법이 변경되었다면 상대방의 도산절차에서 도산채권자의 지위밖에 가지지 못한다.123) 그렇다면 단순한 금전적 만족의 맥락에서 취소채권자에게 소유자보다 더 강력한 지위를 인정할 설득력 있는 근거를 찾기는 쉽지 않다고 보인다.

물상대위 규정이 없는 동산매매 선취특권과 관련해서 논해진다. 伊藤 外, 480면 참조.

120) 같은 취지로 최준규, "도산절차", 129면 이하. Kirchhof, § 11 Rn. 117; Gerhardt, S. 336; Henckel, § 143 InsO Rn. 77; Sautionie-Laguionie II, n° 756 참조. 서광민, 224면도 참조.

121) 이동진, "부당이득", 483면 참조.

122) 그러한 우선적 취급을 지지하면서도 해석론상으로는 난점이 있음을 인정하는 이동진, "부당이득", 501면 참조.

123) 최준규, "도산절차", 130-131면도 참조.

5. 제407조의 효력을 받는 채권자

이미 살펴본 바와 같이(제3장 I. 3. (3) 참조), 사해행위 당시에 피보전채권
이 될 수 있는 채권을 가지고 있었던 채무자의 일반채권자는 취소채권자가
담보권 실행 집행에 준하여 일탈재산에 집행하는 경우 채무자에 대한 집행
권원을 제시하여 배당을 요구할 수 있다(주 113도 참조).

6. 수익자의 구상

취소채권자가 수익자에 귀속하는 일탈재산에 집행을 하여 만족을 받게
되면, 수익자는 그로부터 발생한 불이익을 이유로 채무자에게 구상할 이해
관계를 가진다.

수익자가 유상계약에 기초해 일탈재산을 취득하였던 경우, 그는 채무자
와의 사이에 존재하는 계약에 기초해 담보책임을 물을 수 있다.[124] 물론 수
익자는 일탈재산에 대해 실체법적으로 완전한 권리를 취득하였지만 채무자
는 책임법적 관점에서도 존속할 수 있는 상태로 권리를 창출해 주어야 하므
로, 일종의 권리의 하자가 있다고 말할 수 있다. 이 경우 사후적인 추탈을
이유로 타인 권리의 매매에 관한 규율을 적용한다면, 악의인 수익자는 계약
을 해제하여 지급한 대금의 반환은 청구할 수 있으나 무과실책임을 물을 수
는 없고(제570조, 제572조), 자신의 과실상계를 감수하고 일반 채무불이행에
기초해 손해배상을 청구할 수 있을 것이다(제390조).[125] 또는 수익자는 타
인 채무에 대한 책임이라는 관점에서 저당권 부담이 있는 부동산을 취득한
경우와 비슷한 이익상황에 있으므로 제576조를 유추할 수도 있을 것인데,
타인 권리의 매매에 준하는 해법과 동일한 결과가 발생한다.

한편 이러한 방법은 채무자와 수익자 사이 계약이 무상인 경우에는 사용

---

124) Gerhardt, S. 311; Sautionie-Laguionie II, n° 113. 서광민, 224면도 참조.
125) 大判 1970.12.29., 70다2449, 집 18-3, 443; 1993.11.23., 93다37328, 공보
     1994, 186.

할 수 없다(제559조 제1항 본문). 채무자가 사해행위라는 사정을 묵비하였지만 수익자가 그 사실을 인지하였으므로 제559조 제1항 단서도 적용되지 않는다고 할 것이다.126) 그러나 구상이 인정되지 않더라도 무상의 수익자는 일반적으로 취득 전과 비교하여 불이익을 받지 아니할 뿐만 아니라 알고서 그러한 가능성을 감수하였으므로 특별한 문제가 있다고 할 수는 없다.

III. 부인권이 행사되는 경우 원상회복

이상에서는 책임설의 관점에서 채권자취소권의 행사 및 효과에 대해 살펴보았다. 그런데 주지하는 바와 같이 민법의 채권자취소권과 도산법의 부인권은 그 기원과 성질을 같이한다.127) 따라서 채권자취소권의 행사와 효과에 대해 책임설을 채택하는 경우, 도산법에서 부인권의 행사 및 효과와 관련된 법률관계에도 어떠한 변화가 발생해야 하는지의 문제가 발생한다.

결론부터 말한다면, 부인권의 행사가 책임법적 취소를 내용으로 한다는 이론적 설명을 제외하면 기존의 학설과 실무가 활용하던 원상회복 방법128)은 그대로 유지되어도 좋다. 이는 개별집행절차와 도산절차가 추구하는 목적의 차이에서 기인한다. 강제집행절차에서 채권자는 각자 개별적으로 집행을 하여 채권의 만족을 받으므로, 강제집행의 연장선상에서 이루어지는 채권자취소에서도 취소는 각 채권자의 자발적 주도에 의해 이루어지고 취소역시 원칙적으로는 취소채권자 만족에 필요한 범위에서만 명해진다(제3장 II. 1. (3) 참조). 반면 도산절차에서는 채무자 재산이 관리인에 의해 총체적으로 관리·환가될 뿐만 아니라 집행권원 없는 일반채권자까지 포함하여 모두를 고려한 만족이 도모된다. 따라서 도산절차에서 관리인은, 관리·환가를 위해 일탈재산을 자기 자신에게 청구해야 할 뿐만 아니라, 모든 채권자

---

126) 민법주해(14), 52-53면(고영한).

127) 주석 채총(2), 제4판, 201-203면(손진홍) 참조.

128) 노영보, 370면 이하 참조.

의 만족을 위해 일탈재산 전부를 반환받아야 한다(도산 제108조 제1항, 제397조 제1항).[129] 이는 종래 채권자취소권에서 일탈재산 전부를 채무자 명의로 회복하는 것과 그 구조에서 차이가 없다. 다만 도산절차의 특성 때문에 직무상 관리·환가를 담당하는 관리인에게 반환이 행해지고, 총체적 관리·청산이라는 측면 때문에 과도한 원상회복이 일어나지 않으므로, 사해행위 취소 실무에서와 같은 혼란이 발생할 여지가 없는 것이다. 그러므로 책임설을 채택하더라도, 부인권 행사에 따른 원상회복과 관련해서는 종래 실무를 그대로 유지하는 것이 적절하다. 독일의 책임설도 이러한 방법을 인정한다.[130]

IV. 전망

지금까지 제안한 해석에 따를 때, 종래 학설과 실무에서 상대적 효력설이 직면하고 있던 대부분의 난점은 해소될 것으로 기대된다. 그러나 보다 적절한 해석이 가능하다고 하더라도 실무가 오랜 관행을 버리고 새로운 출발을 시작하는 것이 법적 안정성의 관점에서 바람직하다고 할 것인지의 물음은 물론 제기될 수 있다.[131] 여기서 이 문제를 바라보는 사람의 관점에 따라 어느 편의 비용이 더 심중한지의 판단이 달라질 것이다. 하지만 그동안 국내 그리고 국외에서 그 변경이 가능하지 않다고 여겨지던 많은 "확고한" 판례가 변경되었고, 마치 콜럼버스의 달걀이 서는 것처럼 어렵지 않게 새로운 실무가 형성되었다.[132] 본장은 그러한 새로운 법형성의 가능성을 탐색하기

---

129) 그러므로 부인권이 행사되어 원상회복이 청구되는 경우, 상대방에 대해서 파산이 개시되었다면 관리인은 별제권이 아닌 환취권을 행사해야 하는데, 여기서는 상대방 파산재단에 남겨둘 잔여가치가 존재하지 않기 때문이다(제3장 II. 4. (3) 참조). Gerhardt, S. 334f.

130) Paulus, 329ff.; Gerhardt, S. 276ff.; Henckel, § 143 InsO Rn. 29, 36, 79.

131) 이 쟁점에 대해 우선 윤진수, 64면 이하 참조.

위해 묵수와 변화 사이에서 갈등하는 법률가들에게 가능한 하나의 선택지를 제공하고자 하는 시도이다. 더 나아가 이후 채권자취소에 관한 새로운 입법이 이루어진다면 여기서 행해진 해석론적 구상이 참조될 여지도 없지 않을 것으로 기대한다(아래 제4장 III. 참조).

---

132) Esser, Wege, S. 178f. 참조: "법관은 자유롭고 오로지 법률에만 구속된다. 그러나 그 법률이란 법관 스스로가 의무에 좇아 이해하는 그것이다. 이로써 그의 이해의 변화와 함께 그가 구속되는 그것도 바로 그의 이해를 통해 변화한다. [⋯] 따라서 그는 어떠한 선례구속이나 통상의 해석에 전혀 복종할 수 없다. 이 양자는 독자의 법원(法源)이 아니며, 모든 개별 법관의 의무에 좇은, 오로지 정당성의 확신에 의해 지지되는 법률이해 외에는 아무런 규범 내용을 가지지 아니한다."

채권자취소권의 개정 방향

채권자취소권의 개정 방향

I. 입법론적 과제

본장에서는 채권자취소권의 운용과 관련해 제1장에서 이미 지적한 문제점들을 입법론적인 개선을 통해 해결할 수 있는 방안을 살펴보고자 한다. 그곳에서 개관한 것과 같이 이는 ① 민법 제406조가 상당히 포괄적이고 추상적인 개념을 사용하고 있어 해석에 많은 지침을 주고 있지 못하다는 것, ② 사해행위의 판단 기준과 관련해 통설과 재판례 사이에 괴리가 존재한다는 것, ③ 상대적 효력설에 따른 해결이 실무상 많은 난점을 야기하고 있다는 것, ④ 수익자와 전득자의 악의가 추정됨으로써 지나치게 쉽게 사해행위가 인정되고 있다는 것, ⑤ 제407조의 규율에 대해 정책적으로 의문이 제기되고 있다는 것, ⑥ 제407조에도 불구하고 가액배상의 형태로 취소채권자에게 사실상 우선변제가 허용되고 있다는 것이다.

이러한 사항들 외에도 채권자취소권의 개정에 직면해 고려할 다른 쟁점들은 물론 존재한다. 예컨대 채권자가 채권자취소권을 행사하기 위해 피보전채권에 대해 집행권원을 갖추고 있어야 하는지 여부를 검토하거나,[1] 제척기간(제406조 제2항 참조)의 연장 또는 단축을 생각해 보거나,[2] 법률행위

---

1) 예를 들어 독일의 채권자취소법은 이를 명시적으로 요구하지만(동법 제2조), 프랑스 민법은 이를 요건으로 하지 않는다. Terré, Simler, Lequette et Chénedé, n° 1591.

아닌 채무자의 행위도 취소의 대상이 되도록 할 것인지를 논의할 수도 있다
(도산 제100조, 제103조, 제391조, 제394조 등 참조). 그러나 현재 우리의 학설
과 실무가 직면하고 있는 주된 어려움을 타개하기 위한 입법론적 논의에서
앞서 개관한 여섯 가지 사항이 고려의 중심에 있어야 한다는 점은 쉽게 부
정할 수 없을 것이다. 따라서 본문의 논의는 주로 이 사항들을 대상으로 하
여 이를 입법적으로 해결하는 것에 집중하고자 한다. 그리고 그 과정에서
2014년 법무부 민법개정시안에 포함된 채권자취소권 개정안3)의 내용도 참
조·평가될 것이다.

한편 앞서 개관한 사항들 중 일부는 법률의 개정이 없더라도 새로운 해
석을 통한 법형성으로 극복할 수 있는 것도 사실이다.4) 그러나 현재의 통
설과 판례는 매우 오랜 시간 확고히 정착해 있는 상태이므로, 법적 안정성
의 관점에서 새로운 접근을 채택하는 것을 주저하는 법률가들도 없지는 않
을 것이다(제3장 IV. 참조). 또한 앞서의 모든 문제를 해석만으로 해결할 수
없는 것도 분명하다(특히 ①, ④, ⑤ 참조). 그러므로 새로운 해석에 의해 법
상태를 개선할 수 있는 이론적 가능성이 있더라도, 그와 별도로 채권자취소
권의 법률관계 전반에 대해 입법론적 개정 방향을 살펴보는 작업은 충분한
의미를 가진다. 아 책이 기존의 논의를 이어 이후의 입법적 개선에 작은 기

---

2) 프랑스 민법은 이에 특별한 규정을 두고 있지 않아 일반 시효 규정(동법 제2232
조)이 적용되므로 채권자가 사해행위를 안 날로부터 5년, 행위가 있는 날로부터
20년 이내에 이를 행사해야 함에 반해(Sautionie-Laguionie II, n° 102), 독일 채
권자취소법은 원칙적으로 행위가 있은 날로부터 10년의 제척기간을 정하면서(동
법 제3조 제1항) 채권자에 만족을 주거나 담보를 제공한 경우에는 이를 4년으로
단축한다(동법 동조 제2항).

3) 그 내용에 대해서는 윤진수·권영준, 503면 이하; 김재형, "개정안", 43면 이하;
양형우, 471면 이하; 제철웅, 65면 이하 등 참조.

4) ③ 및 ⑥과 관련해 제3장, ②와 관련해 제2장 참조. 전자와 관련해 세부적인 차이
는 있으나 방향에서 비슷한 접근으로 박희호, 119면 이하; 최은석, 113면 이하 참
조. 이들 연구가 서로 관련 없이 거의 비슷한 시기에 공간되었다는 사실은 학설에
서 기존의 해결에 대한 불만이 이제 일정한 한도를 넘어섰음을 보여주는 징후가
아닐까 생각된다.

여라도 할 수 있기를 희망한다.

II. 채권자취소권의 요건

1. 사해행위 일반

(1) 사해행위 개념의 규율 필요성

제406조는 채무자의 사해행위에 대해 "채무자가 채권자를 해함을 알고 재산권을 목적으로 한 법률행위"라고 규정하고 있음에 그치고, 그 내용을 보다 구체화하여 정하고 있지는 않다. 이러한 문언에 대해 종래 통설은 적어도 일반론의 차원에서는 사해행위의 요소를 객관적 요소와 주관적 요소로 구별하여, 전자는 채무자의 법률행위에 의해 채무자가 채무초과 상태에 빠지거나 기존의 채무초과 상태가 강화되는 사태를 지시하며, 후자는 채무자가 그러한 객관적 사해성을 인식하고 있었음을 의미한다고 해석하고 있었다(제2장 I. 1. 참조). 그러나 공간된 대법원 재판례들의 실상을 살펴보면, 통설의 그러한 이원적 기준은 책에 쓰여 있는 법리(law in books)에 그칠 뿐, 실무상 현실적으로 행해지는 판단의 모습(law in action)과는 괴리되어 있는 것으로 관찰된다(제2장 I. 2. (1) 참조). 이는 무엇보다도 다음과 같은 사안 유형에서 명백하게 드러난다. 즉 종래의 이원적 기준에 따르면, 변제, 적정한 가치로 행해진 대물변제, 적정한 가치로 행해진 변제를 위한 급부, 적정한 대가를 받고 행해진 매각, 적정한 가치로 행해진 물적 담보의 제공 등은 채무초과 상태에 영향을 줄 수 없어 객관적 사해성이 부정될 수밖에 없고 그에 따라 사해행위도 성립할 수 없다. 그러나 실제로 판례는 특정 채권자의 만족을 위한 변제의 사해행위성을 긍정하고 있을 뿐만 아니라, 변제를 위한 급부, 대물변제, 물적 담보제공, 유일한 재산의 매각의 경우 원칙적으로 사해행위에 해당한다고 하면서 특별한 사정이 있을 때 특히 채무자의

주관적 목적과 거래의 사후적 경제적 효과를 고려하여 개별적·예외적으로
이를 부정한다(전거와 함께 상세하게 제2장 I. 2. (1) 참조). 여기서 이미 분명
하지만, 종래 통설에서 일반론으로 사용되던 이원적 기준은 설명력을 상실
하였다고 생각된다.

  이러한 상황에서 만일 채권자취소권을 개정할 때 사해행위의 개념 표지
들을 보다 구체적으로 규정하지 않는다면, 개정 이후에도 공허하게 선언되
는 일반적인 이원적 기준과 실제로 행해지고 있는 재판례 사이의 괴리가 여
전히 지속할 가능성이 클 것으로 예상된다. 따라서 채권자취소권에 관한 개
정 작업은 현재 행해지고 있는 재판례의 포섭을 가능하게 하는 사해행위의
개념 요소들을 적출해 규범화해야 한다. 그러한 의미에서 사해행위의 요건
과 관련해 특별히 개정을 시도하지 아니한 2014년 민법 개정시안(동 시안
제406조 제1항 참조)의 태도에는 아쉬움이 없지 않다.

(2) 객관적 사해성: 만족 가능성을 저해하는 집행 가능 재산의 감소

  종래 통설의 이원적 기준과 현실의 재판례 사이에서 괴리를 발생시키는
결정적 지점의 하나는 바로 객관적 사해성의 이해와 관련되어 있다. 앞서
보았지만, 우리 이원적 기준은 적어도 그 일반론에 있어서는 채무초과의 발
생 또는 강화를 기준으로 하므로 변제 일반이나 적정한 가치로 행해지는 채
무소멸행위·유상행위에서 객관적 사해성을 부정하는 결론으로 기울게 된
다. 그러나 이렇게 채무초과를 전면에 세우는 설명 방법은, 적어도 필자가
확인할 수 있는 범위에서, 1960년대까지의 일본의 통설 및 그 영향이 고려
되는 중화민국과 중화인민공화국을 제외한5) 다른 나라에서는 쉽게 찾아볼
수 없는 것 같다. 보다 우세한 경향은 기본적으로 객관적 사해성을 "취소의
효력을 받는 채권자의 피보전채권 만족을 저해하는 집행 가능 재산의 감소"
로 이해한다.6) 채무초과의 창출·강화와 만족을 저해하는 집행 가능 재산

---

  5) 이 사정에 대해 제2장 I. 2. (3) 참조. 또한 Pißler, S. 38ff., 68ff. 참조.

의 감소는 서로 반드시 일치하지 않으며, 따라서 구별되어야 하는 개념이다. 왜냐하면 대표적으로 전자는 변제나 적정한 가치로 행해지는 채무소멸행위·유상행위의 경우 객관적 사해성을 부정하는 결론으로 기울지만, 후자는 어느 경우든 일단 집행할 수 있는 재산이 감소해 다른 채권자의 만족이 저해되는 이상 객관적 사해성을 긍정할 수밖에 없기 때문이다(제2장 II. 1. (1) 참조). 그런데 채권자취소에서 중요한 사정은 채무초과의 창출·강화가 아니라 집행할 수 있는 재산의 감소일 수밖에 없다. 당장 공취할 수 있는 재산이 감소한 이상 채무 소멸로 인해 경쟁하는 다른 채권자의 채권액이 감소했다는 사정은 당장의 집행을 염두에 두고 있는 채권자의 만족에 아무런 이익이 없기 때문이다. 갑과 을이 병을 상대로 100의 채권을 가지고 있는데 병이 유일한 재산인 현금 100을 갑에게 변제한 경우, 병의 재산 상태는 변제 전이나 후나 −100으로 동일하지만, 그러한 변제가 없었더라면 50의 만족을 고려할 수 있었던 갑은 이제 압류할 재산이 없어 아무런 변제를 받지 못한다. 그는 객관적으로 "해"를 입었다.

그래서 예컨대 독일 채권자취소법은 객관적 사해성을 "채무자가 자신의 채권자들을 해하는(benachteiligen) 법적 행위"(동법 제1조 제1항)라고 규정하고 있는데, 여기서 채권자는 해한다는 것은 동법 제2조에 따르면 채무자의 법적 행위에 의해 집행할 수 있는 재산이 감소함으로써 취소채권자의 만족이 전부 또는 일부 좌절되거나, 어려워지거나, 지연되는 사정을 의미한다.[7] 이러한 사정은 다른 나라에서도 다르지 않다. 이는 우선 독일 채권자취소법과 비슷한 문언으로 규율하고 있는 오스트리아 강제집행법 제439조, 제443조 제1항[8]과 스위스 강제집행·파산에 관한 연방 법률 제288조[9]와 관련해

---

6) 유럽 각국의 법상황 개관을 배경으로 Vaquer, p. 437 참조.

7) 독일 채권자취소법 제2조는 이를 "채무자 재산에 대한 강제집행이 채권자의 완전한 만족이라는 결과에 이르지 못하였거나 그러한 강제집행이 완전한 만족에 이르지 못할 것이라고 인정될 수 있는 경우"라고 표현한다. 그 의미에 대해 Gaul/Schilken/Becker-Eberhard, § 35 Rn. 40 참조. 그러므로 김영주, 1760, 1788면의 동조 후반부 번역("채무자의 재산에 대해 집행을 할 수 없는 경우")은 오역이다.

그러하다. 또한 프랑스 민법 제1341-2조는 객관적 사해성을 "채권자의 권리를 해하는(en fraude de ses droits) 채무자의 행위"라고 규율하고 있는데, 이는 채권자에 대한 변제를 불가능하게 하거나 어렵게 하는 재산 감소 행위(acte d'appauvrissement)를 말하며,[10] 채무초과와는 구별되는 것으로 설명되고 있다.[11] 이탈리아 민법 제2901조에서도 다르지 않다.[12] 마찬가지로 네덜란드 민법 제3:45조 제1항은 채무자의 법률행위로 "하나 또는 다수의 채권자가 그 만족 가능성에서 해를 입을(benadeling van een of meer schuldeiser in hun verhaalsmogelijkheden) 결과가 발생할 것"을 객관적 사해성으로 표현함으로써 같은 취지를 문언에서 명백히 한다. 최근 제정된 중국 민법도 비슷하다(동법 제538조, 제539조: "채권자의 채권 실현에 영향을 미친 경우").

그러므로 이러한 나라들에서는 그것이 변제이든, 대물변제이든, 물적 담보의 제공이든, 적정한 가치에 따른 매각이든, 이로써 취소의 효력을 받은 채권자의 만족 가능성을 저해하는 방향으로 집행 가능 재산이 감소한다면 일단 객관적 사해성이 인정된다. 우리 실무상 이들 사안 유형에서 사해행위가 인정될 수 있다는 현상을 반영하기 위해서는 이후 개정에서 이러한 압도적인 비교법적 경향을 수용할 필요가 있다. 즉 개정안은 사해행위의 객관적 요소가 "취소의 효력을 받는 채권자의 피보전채권 만족을 저해하는 집행 가능 재산의 감소"임을 분명히 해야 한다.

---

8) Welser/Zöchling-Jud, Rn. 1799도 참조. 오스트리아는 종래 채권자취소법(Anfechtungsordnung)에서 채권자취소권을 규율하고 있었으나, 2021년 6월 30일자로 동법을 폐지하고 같은 해 7월 1일부터 효력을 가지는 개정된 강제집행법(Exekutionsordnung) 제438조 내지 제453조에서 이를 보다 상세히 규정하고 있다. 그러나 본문의 서술과 관련해서는 변화가 없다.

9) Basler/Staehelin Art. 285 Rn. 14, Art. 288 Rn. 3, 4 참조.

10) Sautionie-Laguionie II, n[os] 53 sqq. 참조.

11) Sautionie-Laguionie II, n[os] 55 참조.

12) 김민동, 92면 참조.

(3) 주관적 사해성: 인식과 의욕

그러나 물론 객관적 사해성을 이렇게 이해하는 나라들에서도, 예컨대 이행기가 도래하여 채무자가 변제를 하였다면, 이로써 취소채권자의 만족을 저해하는 집행 가능 재산의 감소가 있었다고 하더라도 사해행위가 부정된다는 것은 당연하다. 따라서 객관적 사해성이 인정됨에도 불구하고 사해행위를 부정할 수 있게 수 있는 다른 요소가 존재해야 한다. 비교법적으로 살펴보면, 이는 내용에서 관련을 가지기는 하지만 그 구체적 표현에서는 다소 차이가 있는 두 가지의 모습으로 나타난다.

하나에서는, 채무자의 주관적 사해성과 관련해 단순히 객관적 사해성의 인식에 그치지 않고 채무자가 그러한 사해적 결과를 의욕하였을 것을 요구함으로써(물론 미필적 고의로도 충분하다) 사해행위 인정 여부를 통제한다. 예컨대 변제 자체가 객관적 사해성을 가지더라도, 채무자가 이행기에 도달하여 그 내용에 좇아 변제하는 이상 이는 법을 따른 것이고 사해적 결과를 의욕하는 것은 아니므로 사해행위를 부정하지만, 특정 채권자의 만족을 위하거나 공모 하에 변제하는 경우 취소채권자에 대한 관계에서 사해적 결과를 의욕하였으므로 사해행위가 인정되는 것이다. 독일,13) 오스트리아,14) 스위스15)가 이러한 태도를 보인다.

다른 하나에서는, 채무자의 주관적 요소는 객관적 사해성에 대한 단순한 인식으로 충분하다고 하면서도, 의무에 좇은 변제의 경우 사해행위가 성립하지 않는다는 독립적 법리를 명시적으로 선언함으로써 사해행위의 적용범위를 의무 없이 행해진 채무자 행위에 한정해 적절한 결과에 도달하고자 한다. 그래서 예컨대 프랑스 민법에서는 채무자의 주관적 사해성은 단순한 인

---

13) Kirchhof, § 3 Rn. 14.
14) Welser/Zöchling-Jud, Rn. 1807. 사안 유형에 따라서는 미필적 고의만으로 충분하지 않다는 견해로 Koziol, S. 12ff.
15) Basler/Staehelin, Art. 288 Rn. 14ff. 물론 객관적 사해성을 적극적으로 의욕할 필요는 없으며 그 가능성을 고려하면서 감수하는 미필적 고의로도 충분하다.

식을 의미하지만,[16] 채무의 내용에 따른 변제는 애초에 사해행위의 적용범위에서 벗어나는 것으로 해석하는 것이다.[17] 이탈리아(동법 제2901조 제1항 제1호, 제3항)와 네덜란드(동법 제3:45조 제1항)에서도 비슷하다.

　민법 개정에서 어떤 방향의 입법이 보다 적절한 것인지는 논의의 여지가 있으나, 우리 형편에서는 첫 번째 접근 방법을 채택하는 것이 바람직하지 않을까 생각된다. 이는 무엇보다 의무 없이 객관적 사해성을 가지는 거래를 채무자가 한 때에도 그의 의사 지향에 따라 사해행위를 부정해야 하는 사안들이 우리 재판례에서 발견되기 때문이다. 예컨대 판례는 채권자＝수익자가 다른 채무를 변제해 주는 조건으로 대물변제를 받았고 이로써 채권회수 절차 착수를 유예하였으며 "피고와의 거래관계를 유지하면서 새로이 판로를 개척하는 길만이 채무초과 상태에 있던 회사의 경제적 갱생을 도모하기 위한 유일한 방안이었던 것" 등을 고려하여 사해행위성을 부정하거나,[18] 채무자가 채무 변제를 위하여 자금을 융통하거나 사업을 계속하기 위하여[19] 부득이 부동산을 특정 채권자에게 담보로 제공한 경우에는 사해행위에 해당하지 않는다고 하거나,[20] 부동산의 매각 목적이 채무의 변제 또는 변제자력을 얻기 위한 것이고, 대금이 부당한 염가가 아니며, 실제 이를 채권자에 대한 변제에 사용하거나 변제자력을 유지하고 있는 경우에는, 채무자가 일부 채권자와 통모하여 다른 채권자를 해할 의사를 가지고 변제를 하는 등의 특별한 사정이 없는 한, 사해행위에 해당한다고 볼 수 없다고 한다.[21] 이상의 사안에서 두 번째 선택지와 같은 규율은 해결에 무리가 따를 수밖에 없다. 그러므로 이 사안들을 적절히 포섭할 수 있기 위해서는 주관적 사해성에 채무자의 인식뿐만 아니라 의욕을 포함시켜 법원이 보다 탄력

---

16) Sautionie-Laguionie II, n° 64.
17) Sautionie-Laguionie II, n°s 29, 30.
18) 大判 2010.9.30., 2007다2718, 공보 2010, 1967.
19) 大判 2011.1.13., 2010다68084, 공보 2011, 338.
20) 大判 2001.5.8., 2000다66089, 공보 2001, 1350.
21) 大判 2015.10.29., 2013다83992, 공보 2015, 1762.

적인 판단을 할 수 있는 여지를 마련하는 것이 적절한 것이다.

(4) 간접적 사해성: 사해적 결과를 야기하는 다른 사정의 고려

그다음으로 비교법적으로 관찰할 때 각국은 사해행위 자체가 채권자의 만족을 저해하는 집행 재산의 감소를 수반하지 않더라도 그에 다른 사정이 결합하여 채권자의 만족을 저해하는 집행 재산 감소가 발생하였다면 사해행위를 긍정한다.[22] 그러한 경우 당해 행위는 보통 간접적으로 사해적이라고 말한다(제2장 II. 1. (3) 참조). 사실심 변론종결시점을 기준으로 그러한 다른 사정의 개입과 채권자 만족의 저해 사이에 조건적 인과관계가 인정되면 간접적 사해성은 인정되며,[23] 덧붙여지는 사정이 다시금 사해행위의 요건을 충족할 필요는 없다. 이러한 인식은 객관적 사해성이 채무자 행위의 시점을 기준으로 판단되는 것이 아니라 채권자가 그 채권을 행사하는 시점 즉 사실심 변론 종결시를 기준으로 판단되어야 한다는 내용으로도 표현할 수 있다.[24]

이러한 간접적 사해성의 개념은 생소한 것처럼 보이지만, 실제로는 우리 재판례에서 이미 고려되고 있는 사정이다(제2장 II. 1. (3) 참조). 예컨대 판례는 채무자가 자신의 유일한 부동산을 매각하여 소비하기 쉬운 금전으로 바꾸는 행위는 적정한 가격으로 행해지더라도 사해행위가 된다고 한다.[25] 여기서 "부동산을 소비하기 쉬운 금전으로 교체하는 매매" 그 자체만이 사

---

22) 독일법에 대해 Gaul/Schilken/Becker-Eberhard, § 35 Rn. 40, 44f., 프랑스법에 대해 Sautionie-Laguionie II, n°s 56 sqq., 오스트리아법에 대해 Welser/Zöchling-Jud, Rn. 1799, 스위스법에 대해 Basler/Staehelin, Art. 285 Rn. 14, Art. 288 Rn. 11ff., 네덜란드법에 대해 BWTC/Hijma, Art. 3:45 nr. 2 b (2133).

23) Gaul/Schilken/Becker-Eberhard, § 35 Rn. 43.

24) BWTC/Hijma, Art. 3:45 nr. 2 b (2133); Gaul/Schilken/Becker-Eberhard, § 35 Rn. 40.

25) 大判 1966.10.4., 66다1535, 집 14-3, 138; 1997.5.9., 96다2606,2613, 공보 1997, 1722 등.

해행위로 판단되고 있는가? 당연히 그렇지 않다. 만일 이 사안에서 채무자가 매각 대금을 은행 계좌에 고이 보관하고 있었다면, 채권자는 예금채권을 압류해 집행을 시도했을 것이지 채권자취소권을 행사하지는 않았을 것이다. 즉 이 사안에서 채권자가 사해행위 취소를 시도하는 이유는 바로 그 매각 대금이 이미 은닉되었거나 소비되었기 때문이다.[26] 이는 예컨대 부동산의 매각 목적이 채무의 변제 또는 변제자력을 얻기 위한 것이고, 대금이 부당한 염가가 아니며, 실제 이를 채권자에 대한 변제에 사용하거나 변제자력을 유지하고 있는 경우 원칙적으로 사해행위에 해당하지 않는다는 판례(주 21 참조)와 비교하면 명백하게 드러난다. 그러므로 앞서의 사안에서 부동산의 매각은 간접적으로 사해적이다. 즉 매각 자체만으로 사해행위가 되는 것이 아니라, 그에 후속하는 매각대금의 은닉 또는 소비와 결합하여 사해행위가 되는 것이다.

그러므로 이러한 판례의 태도는 실제로 비교법적으로 일반적인 경향과도 부합한다고 말할 수 있다. 이러한 실무를 입법적으로 뒷받침할 수 있기 위해서는 개정 작업에서 사해행위를 표현하는 문언에 간접적 사해성의 요소를 포함하는 표현을 채택해야 한다. 앞의 재판례를 "유일한 재산 처분" 및 그 예외라는 식으로 개별구체적으로 파악하지 않고 비교법을 배경으로 그 원리적인 내용을 포착해 일반화하는 것이 입법에서 보다 바람직한 접근이라는 점은 부인하기 어려울 것이다. 이는 그러한 비슷한 고려가 행해져야 하는 다른 사안들이 충분히 발생할 수 있기에 특히 그러하다.[27]

(5) 소결

이상의 내용에 따라 도출된 사해행위 요소에 따라 채권자취소권의 요건

---

26) Gaul/Schilken/Becker-Eberhard, § 35 Rn. 45; Welser/Zöchling-Jud, Rn. 1799; Sautionie-Laguionie II, n° 57; Basler/Staehelin, Art. 285 Rn. 14, Art. 288 Rn. 11a.
27) Krichhof, § 1 Rn. 111ff. 참조.

을 구성한다면 이는 다음과 같이 표현될 수 있을 것이다.

"채무자가 고의로 재산권을 목적으로 한 [법률]행위를 함으로써 그 결과로 채권자가 집행할 수 있는 재산을 감소시켜 그의 만족을 저해하였을 것"

"고의"로 의욕까지 의미하는 주관적 사해성이 포함되었고, 객관적 사해성이 채권자 만족 가능성을 저해하는 (집행을 전제로 하는[28]) 책임재산 감소임이 명시되었으며, 채무자 행위에 "의하여" 사해적 결과가 발생한 것을 넘어 "그 결과로" 발생한 경우를 포함하도록 하여 간접적 사해성도 함축한다. 이러한 문언을 채택하면 편파행위에 대해 별도로 규율할 것인지의 문제[29]도 다른 외국에서와 마찬가지로 자연스럽게 해소된다. 이상의 내용은 법률의 개정 없이 해석론의 전환에 의해서도 도달할 수도 있겠지만(제2장 Ⅱ. 참조), 개정에 의해 보다 명시적인 형태로 이루어지는 것이 법률관계의 안정에 기여할 것이다. 한편 채무자의 행위를 법률행위로 한정할 것인지 아니면 준법률행위 기타 사실행위(예컨대 채무자의 부합에 의해 사해적 결과가 발생할 수도 있다) 등도 포함할 수 있게 하는 문언을 채택할 것인지 여부는 여기서 상론할 수 없으나, 이들도 포섭될 수 있는 보다 넓은 문언(예컨대 "행위")를 채택하는 것이 보다 바람직할 것이다.[30]

물론 이렇게 모든 사안 유형을 염두에 두는 일반적인 형태의 규범을 두는 대신, 종래의 규정을 그대로 유지하면서 현재 재판례의 내용을 반영·개선하는 개별구체적 특칙을 두는 방법도 생각할 수는 있다. 예를 들어 개정된 일본 민법은 종래의 추상적인 사해행위 취소 규정에 상당한 대가의 처분행위(동법 제424조의2), 특정 채권자에 대한 담보제공 또는 채무 소멸행위(동법 제424조의3), 가치가 상당하지 않은 채무 소멸행위(동법 제424조의4)에 관한 규율을 덧붙이는 방법을 채택하였다.[31] 그러나 개선된 일반적인 규정으

---

28) 大判 2005.1.28., 2004다58963, 공보 2005, 398 등 참조.
29) 윤진수·권영준, 516면 이하; 김재형, "개정안", 73면 이하.
30) 윤진수·권영준, 514면 이하; 김재형, "개정안", 62면.

로 이들 사안의 포섭이 무리 없이 가능하다면, 굳이 개별구체적인 세부 규율을 둘 필요는 없다고 생각된다. 그러한 세부 규율은 결국 그들 사이에서 원리적 내용의 조율이라는 문제를 발생시켜 결국 사해행위 일반에 대한 포괄적 해석론을 불가피하게 한다. 그렇다면 사해행위를 적절히 포착하는 요소들로 표현된 일반적 규정을 두어 개별 사안에 접근하는 방법이 일관된 관점에 기초한 탄력적인 운용을 가능하게 하므로 보다 바람직할 것이다.

2. 수익자의 보호: 수익자의 주관적 요소와 무상행위

채무자가 객관적 사해성과 주관적 사해성을 구비한 행위를 하였다고 하더라도, 수익자가 일정한 주관적 요건을 충족하지 아니하면 채권자취소권은 성립하지 않는다. 비교법적으로는 수익자의 인식(악의)를 요구하는 입법과 선의여도 과실이 있는 경우에 채권자취소권을 성립시키는 입법이 관찰된다. 그리고 각국은 다양한 사안 유형에 대해 그러한 수익자의 악의 또는 과실을 추정하기도 한다. 한편 채무자의 사해적 행위가 무상행위인 경우, 대부분의 나라들은 채무자와 수익자의 주관적 상태를 고려하지 않고서 취소를 허용한다. 그리고 이러한 규율은 많은 경우 행위 유형에 따라 취소권 행사 이전 일정한 기간 동안에 사해행위가 있었을 것을 요구하는 규정과 결부되어 행해지기도 한다. 일단 우리에게 낯설다고 할 개별적인 기간 설정의 문제를 제외하고, 그 내용을 개관하면 다음과 같다(괄호 안에 지시된 법률은 독일은 채권자취소법, 오스트리아는 강제집행법, 스위스는 강제집행·파산에 관한 연방 법률이며, 나머지는 그 나라의 민법이다).

---

31) 그 내용에 대해 신지혜, 75면 이하 참조.

	수익자의 주관적 요소	유상행위		무상행위
		증명 책임	추정되는 경우	
독일	악의 (3 I 1)	채권자	① 수익자가 채무자의 지급불능이 임박하였음과 그 행위가 채권자를 해한다는 사정을 알았던 경우 악의 추정(3 I 2) ② 본지에 따라 채권자에게 담보를 제공하거나 채권자를 만족시킨 때에는 수익자가 채무자의 지급불능이 도래하였음과 그 행위가 행위자를 해한다는 사정을 알았던 경우 악의 추정 경우(3 III 1); 그러나 수익자가 지급과 관련된 약정을 하였거나 기타 지급을 완화시켜 준 경우 지급불능에 대한 부지가 추정(3 III 2) ③ 특별관계인(도산법 제138조)과의 유상행위에서 채무자 사해 의사에 대한 수익자의 인식 추정(3 IV 2)	주관적 상태와 무관하게 취소 가능 (4; 그밖에 5, 6, 6a도 참조)
프랑스	악의 (1341-2)	채권자	—	주관적 상태와 무관하게 취소 가능[32]
오스트리아	행위 시점/유형에 따라 악의 또는 과실 (439 i, ii, iv)	채권자	특별관계인(도산법 제32조)이 수익자인 경우 악의·과실 추정(439 iii)	주관적 상태와 무관하게 취소 가능 (440 i)

---

32) 한불민사법학회, 556면(김태희).

스위스	과실 (288 I)	채권자	특별관계인이 수익자인 경우 과실 추정(288 II)	주관적 상태와 무관하게 취소 가능 (286)
네덜란드	과실 (3:45 II)	채권자	의무 없이 ① 대가가 상당하지 않은 계약을 체결한 경우(3:46 I i), ② 이행기 미도래 채무를 변제하거나 이를 위한 담보를 제공한 경우(3:46 I ii), ③ 특별관계인과의 법률행위의 경우 과실 추정(3:46 I iii, vi, v, vi, II, III, IV, V)	주관적 상태와 무관하게 취소 가능하나,[33] 수익자가 선의·무과실로 현존이익이 없으면 면책(3:45 III)
이탈리아	악의 (2901 I ii)	채권자	—	주관적 상태와 무관하게 취소 가능[34]

　이상에서 분명하지만, 비교법적으로 수익자에게 요구되는 주관적 상태는 추정되지 아니하여 채권자가 증명책임을 부담하는 한편, 무상행위의 경우에는 채무자와 수익자의 주관적 상태를 고려하지 않고서 이를 취소할 수 있게 하는 일반적 경향을 간취할 수 있다. 수익자 악의 추정을 유지한 일본 민법이 예외에 해당한다(동법 제424조 제1항). 또한 근친 사이, 모회사와 자회사 사이, 회사와 임원 사이 등 밀접한 관련을 가지는 자들 사이의 사해행위에 대해서는 수익자의 악의 또는 과실을 추정하는 입법례가 다수라는 사실도 확인된다. 2014년의 개정시안도 수익자 악의의 증명책임을 채권자에게 지우면서(동 시안 제406조 제1항), 특별관계인과의 사해행위에서는 악의를 추정하고(동조 제2항), 무상행위의 경우 채무자나 수익자의 주관적 상태를 고려함 없이 취소를 허용함으로써(동 시안 제406조의2) 이러한 경향에 따르고 있다. 이러한 개

---

33) BWTC/Hijma, nr. 5 (2134).
34) 김민동, 93면.

정시안의 태도는 기본적으로 타당하며, 이후 개정 작업에서 수용되어야 할 것으로 생각된다.[35] 그러나 개정시안이 특별관계인의 범위를 엄밀히 규정하지 않고 "수익자가 채무자와 친족이나 그 밖의 특별한 관계에 있는 자"라고 불확정 개념을 사용하여 그 적용범위를 불명확하게 남겨 둔 것에는 아쉬움이 있다.[36] 법적인 명확성과 안정성을 위해서 입법에서는 악의가 추정되는 특별관계인의 범위를 구체적으로 획정하는 것이 바람직하다고 보인다. 독일(채권자취소법 제3조 제4항 제2문)이나 오스트리아(강제집행법 제439조 제3호)에서 그러하듯, 민법에서 도산법 규정(도산 제101조)을 지시하는 방법으로 규율해도 무방하지 않을까? 민법이 개별 법률을 지시하는 태도 자체에 무슨 문제가 있다고는 말할 수 없을 것이다(제318조, 제354조, 제812조 제1항, 제836조 제1항, 제855조의2 제3항, 제859조 제1항, 제878조, 제1037조 등 참조).

그 밖에 채무자의 지급불능(의 임박)과 사해의사를 수익자가 인식한 경우 수익자의 악의를 추정하는 입법도 있으나(독일), 이러한 규정이 없더라도 그러한 인식의 증명이 있는 경우 악의 인정에 큰 어려움은 없을 것이므로 굳이 그러한 추정 규정을 둘 필요는 없다고 보인다. 대가가 상당하지 않은 계약의 체결이나 이행기 미도래 채무의 변제 또는 그에 대한 담보제공(네덜란드)에 대해서도 마찬가지이다.

III. 채권자취소권의 행사와 효과

1. 통설·판례 및 기존 개정안에 대한 평가

(1) 통설·판례의 현황

기존 통설과 판례는 채권자취소권의 행사 및 효과와 관련해 의용민법 시

---

35) 같은 취지로 또한 전원열, "설계", 190-191면.
36) 이에 대해 윤진수·권영준, 512-513면 참조.

절의 통설인 절충설에 따라 청구의 상대방은 수익자 또는 전득자라고 해석
하면서 사해행위의 취소는 취소채권자(및 제407조에 따라 그 효력을 받는 채권
자)에 대한 관계에서 상대적 효력을 가진다고 설명하고, 그를 위한 강제집
행은 원물반환을 통해 재산을 채무자 명의로 회복하여 이루어진다는 태도
를 견지해 오고 있다.37)

그러나 이러한 관점에 따른 운용으로부터 현재 채권자취소권의 행사에
따른 효과와 관련해 상당한 범위에서 모순적인 재판례와 이론적 난점이 발
생하고 있다는 사실은 이제 주지되어 있는 바이다. 이에 대해서는 이미 우
리 문헌에서 상세히 분석된 바 있다.38) 몇 가지 사례만 살펴보아도 혼란은
명백하다. 채권자가 취소권을 행사하여 재산을 채무자 명의로 돌린 다음 집
행을 하기 전 채무자가 이를 처분하였다면, 어떤 재판례는 이를 유효하다고
전제하지만39) 다른 재판례는 이를 무효로 판단한다.40) 부동산에 사해행위
로 저당권이 설정되어 있는 사안에서 후순위 저당권의 설정이나 부동산 양
도의 사해성을 판단할 때, 어떤 재판례에 따르면 선순위 저당권의 취소는
고려되어야 하지만41) 다른 재판례에 따르면 고려되어서는 안 된다.42) 채권
양도가 취소된 경우 실무에 따르면 취소채권자는 채무자에 대해 압류 및 추
심명령을 받아 집행함으로써 제3채무자로부터 청구할 수 있으나,43) 동일한
법적 구조를 가지는 채권자대위권(제404조)을 행사해 청구할 수는 없다.44)
취소채권자와 수익자의 고유채권자 사이의 관계에 대해 후자가 압류로 개
별 집행을 하는 때에는 후자가 우선하지만45) 수익자가 도산하여 총체 집행

---

37) 전거와 함께 상세한 내용은 주석 채총(2), 332면 이하, 442면 이하, 546 이하(이
　　백규); 이순동, 120면 이하, 462면 이하, 510면 이하 참조.
38) 전원열, "비판", 213면 이하; 제3장 I. 1. (2) 참조.
39) 大判 2014.2.13., 2012다204013, 공보 2014, 581.
40) 大判 2017.3.9., 2015다217980, 공보 2017, 623.
41) 大判 2013.5.9., 2011다75232, 공보 2013, 1012.
42) 大判 2018.6.28., 2018다214319, 공보 2018, 1468.
43) 실무의 태도에 대해 주석 채총(2), 506면(이백규); 이순동, 523면.
44) 大判 2015.11.17., 2012다2743, 공보 2015, 1884.

이 행해지는 때에는 오히려 전자가 우선한다.[46] 그리고 결정적으로 채무자 명의로 재산을 회복한 다음 행하는 채권자의 강제집행은 취소의 상대적 효력 때문에 채무자에 귀속하지 않는 타인 재산에 대한 부당집행이 될 수밖에 없다.[47] 이러한 법상태가 이론적으로 그리고 실천적으로 만족스럽다고 말하기는 어렵다.

이러한 혼란의 원인은 간단하다. 이는 통설과 판례가 사해행위의 취소가 "상대적 효력"만 가진다고 설명하면서도 바로 그 원상회복에 채무자를 개입시킴으로써 스스로 모순적인 설명에 기초해 채권자취소권을 적용하고 있기 때문이다.[48] 즉 통설과 판례의 관점은 결과적으로 취소채권자와 수익자 사이의 상대적 효력이라는 원칙 명제에 그와 정면으로 충돌하는 채무자에 대한 관계에서의 절대적 효력이라는 보조 명제를 결합시킨 입장이다. 이로부터 이론적인 모순 외에 실무상 혼란이 야기될 수 있다는 사실은 어쩌면 너무나 자연스러운 결과일 수밖에 없다(제3장 I. 2. (1) 참조). 요컨대 실무는 사실상 서로 모순된 두 가지 도구를 손에 들고 있다. 그래서 개별 사안에서 상대적 효력이 보다 적절한 해결을 가져온다고 보이면 상대적 효력을 원용하지만, 채무자로의 원상회복이라는 절대적 효력이 보다 타당한 결론에 이른다고 보이면 바로 이 측면을 강조하는 것으로 보인다.[49] 그렇지 않고서는 앞서 인용한 재판례들을 설명할 방법이 없다.

(2) 현상 유지에서 출발하는 개정 제안에 대한 의문

이상과 같은 혼란은 상대적 효력과 채무자 명의로의 원상회복의 결합이

---

45) 大判 2005.11.10., 2004다49532, 공보 2005, 1958.
46) 大判 2014.9.4., 2014다36771, 공보 2014, 2026; 大判 2019.4.11., 2018다 203715, 공보 2019, 1051.
47) 이미 김형배, 386-387면.
48) 전원열, "비판", 214면.
49) 제철웅, 38면 이하도 참조.

라는 모순적인 고르디우스의 매듭을 단칼에 끊지 않고서는 해결될 수 없다. 이는 비교법적으로도 정당화된다. 적어도 필자가 확인할 수 있는 범위에서, 일본, 중화민국, 중화인민공화국 등 동아시아 몇 개국을 제외하면50) 대륙법 전통에 있는 나라들 대부분은 채무자를 매개시키지 않고서 취소채권자가 수익자 또는 전득자를 상대로 직접 강제집행을 할 수 있도록 규율하고 있는 것이다.51) 채권자취소권이 이렇게 운용될 때, 종래 통설·판례에서 발생한 난점들은 거의 대부분 해결된다(제3장 II. 참조). 그렇다면 채권자취소권에 관한 입법론으로서는 그동안 경험으로부터의 반성에 기초해 그리고 비교법적 경향에 발맞추어 취소채권자가 수익자 또는 전득자에게 있는 일탈재산에 바로 집행할 수 있도록 규정하여 문제를 근본적으로 해결하는 방법이 적절하다.52)

그런데 2014년의 개정시안을 포함하여(동 시안 제407조의2 이하 참조) 우리나라에서 종래 주장된 채권자취소권에 관한 개정 제안의 다수는 상대적 효력설과 채무자 명의로의 원상회복이라는 출발점을 그대로 받아들이고 이로부터 발생하는 문제에 개별적으로 대응하는 방식의 규율을 시도하고 있다.53) 그러나 이러한 방법으로는 현재 통설·판례가 직면하고 있는 난점을 적절히 해결할 수 없다. 취소의 상대적 효력과 채무자 명의로의 원상회복을 전제하는 방침을 유지하고 있는 이상, 학설에서 지적되고 있는 이론적 난점과 실무상 나타나고 있는 혼선은 여전히 지속될 수밖에 없기 때문이다. 그러한 개정에 의해서는 예컨대 앞서 예시적으로 살펴본 재판례들의 모순·충돌(주 39 내지 주 46 참조)은 어느 하나도 해결되지 않고 그대로 유지된다. 모처럼 맞이하는 개정의 기회에 근본적인 해결을 도모하지 않고 불만족스

---

50) Pißler, S. 75ff. 참조.
51) Vaquer, p. 426 sqq.; 전원열, "비판", 208면 이하, 214-215; 양형우, 486-488면.
52) 같은 취지로 전원열, "비판", 242면; 전원열, "설계", 181면; 양형우, 491-493면; 최준규, "경제적 분석", 101면.
53) 윤진수·권영준, 525면 이하; 김재형, "개정안", 94면 이하; 제철웅, 71면 이하; 서호준, 46면 이하 등.

러운 현상을 넓은 범위에서 온존하는 개정이 바람직하다고 말하기는 어렵다고 생각된다.[54] 2014년 개정시안의 조심스러운 태도에는 비교적 짧은 시간 사이에 그러한 결단을 내리기 쉽지 않았고 또 그 내용이 다수 위원이 참여하는 표결로 결정될 수밖에 없었다는 사정이 그 원인이었던 것으로 보이지만,[55] 이후 개정 작업에서 그러한 과거의 제약에 다시 얽매일 필요는 없을 것이다.

물론 종래 통설·판례의 문제에 대처하기 위해 취소채권자가 바로 수익자 또는 전득자를 상대로 집행하게 하는 방법을 채택하는 대신 기존 통설과 판례의 기본 구조를 그대로 유지하면서도 사해행위 취소의 효력을 채무자에게 미치게 함으로써 난점을 제거하려는 방법도 생각해 볼 수는 있다.[56] 주지하는 바와 같이 일본의 개정 채권법이 이러한 규율을 선택하였고(동법 제425조), 채무자의 절차 참가를 보장하는 규정으로 이를 보완하고 있다(동법 제424조의7).[57] 그러나 이러한 입법은 모순된 출발점으로부터 발생한 난점을 법률구성적 규정으로 제거하는 것에 지나지 않아 입법적으로 정도(正道)라기 말하기 어렵다. 이는 문제를 해결하는 것이 아니라 문제 자체를 인위적으로 지우는 것에 지나지 않는다. 바로 그렇기 때문에 이 해법으로부터는 채권자취소권의 목적에 어긋나는 결과가 발생할 수밖에 없다.[58] 예컨대 채무자가 수익자에게 유일한 재산인 가치 100의 부동산을 양도하였는데 50의 채권을 가지는 유일한 채권자가 사해행위로 이를 취소한 경우, 부동산 소유권은 불가분적이므로 전체가 채무자 명의로 회복되어야 하고[59] 채권자는 이렇게 회복된 부동산에 강제집행을 한다. 그런데 강제집행의 결과 채권

---

54) 같은 취지로 전원열, "비판", 242면.
55) 윤진수·권영준, 522, 543-544면 참조.
56) 전원열, "비판", 242, 246면도 참조.
57) 이 규정들에 대해 우선 신지혜, 97면 이하, 107면 이하 참조. 관련해 2014년 개정 시안에서 소송고지 규정 도입 여부에 대해 윤진수·권영준, 519면 이하; 김재형, "개정안", 84-86면; 양형우, 489-490면 참조.
58) 전원열, "비판", 246면 참조.
59) 大判 1997.9.9., 97다10864, 공보 1997, 3051 등 참조.

자에게 배당하고 남은 50의 금전은 절대적 효력 때문에 이제 부동산의 소유자인 채무자에게 반환되어야 한다. 그러나 무슨 이유에서 취소채권자의 만족을 도모하고 남은 50이 수익자가 아닌 채무자에게 귀속해야 하는지는 도저히 이해할 수 없다. 실제로 종래 상대적 효력설에 따를 때에도 그러한 결과를 피하기 어려웠기 때문에 이 사례가 채권자취소 제도의 취지에 반하는 상대적 효력설의 대표적인 난점의 하나로 언급되고 있었다.[60) 그런데 채무자에게 취소의 효력을 미침으로써 이러한 부당한 결과가 이제 법적으로 공인되기에 이르는 것이다. 또한 채무자에 대한 관계에서 취소의 효력이 미치므로, 적어도 논리적으로는, 이제 수익자가 채무자에 대한 관계에서 가지는 부당이득 반환청구권을 이유로 채권자의 원물반환 청구에 대해 원상회복 관계에 기한 동시이행의 항변을 제기하거나[61) 채권자의 가액반환 청구에 대해 상계를 할 가능성을 부정할 수 없게 된다.[62) 물론 여기서 새삼 채권자취소 제도의 "규범목적"을 원용해 달리 해석할 여지가 없지는 않을 것이다. 그러나 이로부터 채무자에게 효력을 미치게 하여 문제를 해소하려는 규율의 기본적 취약성이 확인된다는 사실은 부정할 수 없다. 이상에서 쉽게 인식할 수 있는 바이지만, 채무자에게 취소의 효력을 미치게 해 현재 통설·판례의 난점을 개선하려는 시도는 고식적인 해결에 지나지 않아 사해행위 취소의 규범목적을 적절하게 실현할 수 없다.

2. 새로운 입법 모델의 채택

(1) 개정의 방향

그러므로 채권자취소권의 행사 및 효과에 관한 개정 방향은 채권자가 수

---

60) 김능환, 47-48면; 김창종, 166-167면; 전원열, "비판", 216면; 양형우, 490-491면; 제3장 주 31 및 본문 등.
61) 大判 1976.4.27., 75다1241, 집 24-1, 273.
62) 일본에서의 논의에 대해 신지혜, 114면 이하 참조.

익자 또는 전득자를 상대로 소를 제기해 취소 판결을 받은 다음 수익자 또는 전득자에게 귀속하고 있는 일탈재산에 직접 집행을 하여 만족을 받는 규율을 도입하는 것이다. 이 방법에 의해서만 상대적 효력설과 채무자 명의로의 원상회복으로부터 발생하는 난점들이 근본적으로 제거될 수 있다. 그리고 이러한 입법 모델을 설명하는 법적 구성으로서는 종래 우리나라에서도 소개되어 있는 책임설이 적절하다. 물론 그러한 규율을 설명할 수 있는 법적 구성은 여러 가지가 있을 수 있다. 그러나 책임설은 그동안 학설에서 이론적 우수함을 인정받고 있을 뿐만 아니라,63) 그 내용도 잘 이해되고 있으므로 굳이 우리 실정에 낯선 이론을 새로이 가공하는 것보다는 책임설에 의지해 규율을 마련하고 설명하는 것이 합목적적이라고 생각된다(제3장 I. 3. 참조). 그에 따르면 채무자와 수익자 사이의 사해행위의 실체법적 효력은 그대로 유지되지만, 사해행위 취소에 의하여 채권자의 만족이 저해되는 범위에서 사해행위의 책임법적 무효(haftungsrechtliche Unwirksamkeit)가 발생한다. 이로써 일탈재산은 채무자의 책임재산에 속하는 것으로 취급되고, 채권자는 수익자를 상대로 집행함으로써 피보전채권의 만족을 받는다.64)

물론 종래 책임설에 대해서도 비판이 없지 않았다. 우선 우리 법질서가 책임법적 무효라는 개념을 알지 못한다고 지적되기도 한다.65) 그러나 이러한 비판은 현행 민법의 해석으로서도 이미 타당하지 않지만(제3장 I. 3. (1) 참조), 입법자가 새로운 규율을 도입하는 장면에서는 더욱 의미를 가질 수 없다. 취소채권자가 수익자 또는 전득자를 상대로 바로 집행할 수 있다는 새로운 규정을 잘 포착할 수 있는 개념이라면 이를 의문시할 이유가 없다.

더 나아가 독일법에서 책임설에 따른 취소채권자의 집행은 강제집행 수인의 소를 전제로 하는데, 우리 법제는 이를 인정하지 않는다고 지적되기도 한다.66) 그래서 취소채권자가 수익자 또는 전득자를 상대로 바로 집행할

---

63) 곽윤직, 273면; 김대정 · 최창렬, 254면; 김상용, 240면; 정기웅, 275면 등.
64) 세부적인 구성은 제3장 II. 참조.
65) 김재형, "본질과 효과", 16-17면; 오시영, 120-121면.
66) 곽윤직, 273면; 김대정 · 최창렬, 254면; 송덕수, 237면; 이덕환, 281면; 김상용,

수 있도록 개정해야 한다는 입법론에서도 독일에서와 같은 강제집행 수인의 소를 도입해야 한다는 입법론도 주장된다.[67] 그러나 이러한 견해는 현행법의 해석으로도[68] 그리고 입법론으로서도 타당하지 않다. 이는 독일과 우리의 집행법제 차이를 고려하지 않고 있기 때문이다(제3장 I. 3. (2) 참조).

강제집행 수인의 소는 독일 민사소송법에서 채무 부담 없이 재산책임을 부담하는 일련의 사례를 배경으로 집행을 시도하는 채권자에게 집행권원을 창출해 주기 위해 인정되는 이행의 소의 일종이다.[69] 대표적인 예를 하나 살펴본다면, 독일에서 저당권자는 저당부동산으로부터 만족을 받으려면 강제집행의 방법에 의해야 하므로(독일 민법 제1147조) 이를 위해 집행권원이 필요하다. 따라서 독일에서 저당권자는 달리 확보된 집행권원이 없다면 저당부동산 소유자를 상대로 강제집행을 수인하는 소를 제기하여 판결을 받아 이를 집행권원으로 하여 저당부동산에 강제집행을 함으로써 만족을 받는다.[70] 그러나 우리 법제는 이러한 태도를 채택하고 있지 않다. 저당권자에게는 원칙적으로 경매권이 부여되어 있으며(제363조 제1항), 그에 따라 저당권자는 자신의 저당권을 증명하는 서류를 제출하여 경매를 신청한다(민집 제264조 제1항). 이 사례에서 나타나는 바이지만, 독일에서 강제집행 수인의 소에 의해 해결되는 문제가 우리 법제에서는 다른 관점에서 다른 규율로 해결되고 있다. 그리고 바로 그렇기 때문에 우리 법제는 굳이 강제집행 수인의 소를 별도로 규정하고 있지 않은 것이다. 실제로 독일에서도 법률이 채권자취소권의 행사 방법으로 강제집행 수인의 소를 정하고 있는 것이 아니라, 학설이 채권자취소의 규범목적을 가장 잘 실현할 수 있는 집행방법으로서 기존에 있던 제도를 활용하였던 것이다.[71] 또한 강제집행 수인의 소를

240면; 정기웅, 275면; 윤진수·권영준, 520-521면 등.

67) 양형우, 491면 이하; 전원열, "설계", 201면 이하.

68) 제3장 I. 3. (2) 및 박희호 (주 19), 121면 이하.

69) Rosenberg/Schwab/Gottwald, § 89 Rn. 8ff.

70) Jauernig/Berger, § 1147 Rn. 4.

71) 같은 취지의 관찰로 이동진, "채권자취소권", 52면.

알지 못하는 프랑스에서도 취소채권자에게 바로 수익자 소유의 일탈재산을 압류하여 집행할 수 있도록 제도가 운영되고 있다.72) 그래서 예컨대 부동 산이 사해적으로 양도된 경우, 취소채권자는 저당권자가 제3취득자를 상대 로 집행하는 것에 준하여(민사집행법전 제L311-1조 참조) 수익자에게 있는 부 동산을 압류해 경매에 붙일 수 있다(saisie immobilière). 동산이 양도된 경 우에도 다르지 않다(saisie-vente; 동법 제L221-1조 참조).73)

그러므로 책임설적 해결은 입법 이전에 이미 유추에 의한 법형성으로도 달성될 수 있다. 여기서 갑이 을에 대해 1억 원의 채권을 가지고 있는 상황 에서, 을이 자신의 유일한 부동산(시가 2억 원)을 병에게 양도한 사안을 상 정한다. 책임설에 따를 때, 을의 병에 대한 양도는 그것이 사해행위로 취소 되면 책임법적으로 무효이다. 즉 부동산은 실체법적으로 병의 소유이지만, 갑의 피보전채권의 만족이 저해되는 범위에서는 을의 책임재산에 속하게 되고 나머지 부분만이 병의 책임재산에 속한다. 이는 갑이 사해행위 취소 대상인 부동산에 대해 병의 일반채권자보다 우선하여 만족을 받는 지위에 있음을 의미한다(제3장 I. 3. (2) 참조). 그렇다면 갑의 지위는 우리 민법이 알고 있는 담보물권은 아니지만, 적어도 그 부동산에 대해 수익자의 일반채 권자보다 우선하여 만족을 받을 수 있는 권능을 취소채권자에게 부여한다 는 의미에서 일정한 담보권 유사의 지위에 해당한다고 말할 수 있다. 실제 로 물권적 담보권과 취소채권자의 지위는 넓은 범위에서 비슷하며 서로 상 응한다고 지적된다.74) 그렇다면 여기서 취소채권자의 지위가 민사집행법 제264조가 말하는 "부동산을 목적으로 하는 담보권"은 아니더라도, 취소채 권자의 지위가 해당 부동산에 대해 담보권을 가지는 것과 비슷하다는 점을 이유로 이 규정을 유추 적용하는 것이 부당하다고 말할 수는 없다(프랑스에

---

72) Terré, Simler, Lequette et Chénedé, n° 1602; Sautionie-Laguionie II, n° 110.

73) 개정 전 법률을 전제로 하는 서술이지만 우선 Sautionie-Laguionie I, p. 497 note 338 참조.

74) Koziol, S. 58f. 참조.

서의 상황에 대해 앞의 주 72, 73의 본문 참조). 그렇다면 갑은 현행 민법에서
도 책임설의 관점에서 다음과 같이 사해행위를 취소하여 원상회복할 수 있
다. 갑은 병을 상대로 사해행위 취소의 소를 제기하여 판결을 받아야 한다
(제406조 제1항). 이 판결이 확정됨으로써 갑은 병의 일반채권자에 대한 관
계에서 취소 대상인 부동산에 대해 담보권 유사의 지위를 획득한다. 갑은
민사집행법 제264조에 따라 경매를 신청해야 하는데, 여기서 갑이 자신의
담보권적 지위를 증명하는 서류는 사해행위 취소 판결 및 채무자에 대한 집
행권원이다.[75]

그러므로 이미 현행법의 해석으로도 수익자 또는 전득자를 상대로 하는
취소채권자의 집행에 담보권 실행에 관한 집행 규정을 유추적용하는 법형
성에 의하여 책임설에 따른 해결은 가능하다. 이는 부동산 양도뿐만 아니
라, 다른 유형의 사해행위에서도 검증되는 내용이다(제3장 II. 2. 참조). 그렇
다면 입법론으로서 취소채권자가 수익자 또는 전득자를 상대로 바로 집행
할 수 있게 하는 규정의 세부 내용은 사해행위 유형에 따라 적절한 담보집
행 규정을 준용함으로써 손쉽게 이루어질 수 있다. 그리고 취소채권자로 하
여금 이렇게 담보권에 준하여 집행하도록 하는 입법적 접근이 우리 집행법
제와 자연스럽게 조화될 수 있다고 생각된다. 우리 법제에 낯선 강제집행
수인의 소를 굳이 채권자취소권 한 곳에서 사용하기 위해(ad hoc) 도입할
필요는 없다.

그렇다면 취소채권자가 바로 수익자 또는 전득자를 상대로 집행할 수 있

---

75) 우리 민법은 채권자취소권의 요건으로 채무자에 대한 집행권원을 요구하지 않고
    있으므로, 채권자가 사해행위 취소의 소를 제기하여 판결을 받을 때까지 집행권원
    을 제시할 필요는 없다. 그러나 수익자를 상대로 집행에 들어가는 경우, 그는 채
    무자에 대해 가지는 채권을 이유로 강제집행을 시도하는 것이므로 사해행위 취소
    판결 외에 당연히 채무자에 대한 집행권원을 제시하여야 한다. 이는 종래 통설과
    실무에 따를 때 취소채권자가 채무자 명의로 회복된 부동산에 강제집행을 하려면
    집행권원이 필요했던 것과 비교할 때 자명한 내용이라고 말할 수 있다. 이는 채권
    자취소권의 요건으로 집행권원을 규정하지 않고 있는 프랑스 민법(주 1 참조)의
    해석에서도 같다. Terré, Simler, Lequette et Chénedé, n° 1591 참조.

도록 규정하는 방침에 제기될 수 있는 이의로는 새로운 입법 모델을 도입함
으로써 초기에 발생할 수 있는 다소간의 해석상 불확실성만이 남는다. 그러
나 이러한 일시적 불편을 이유로 근본적인 입법적 해결을 반대하는 것은 적
절하지 않을 것이다. 게다가 새로운 입법에 따를 때 발생하게 될 법률관계
를 비교적 상세하게 검토하고 있는 기존 문헌들이 존재할 뿐만 아니라,76)
무엇보다 같은 태도를 취하는 많은 나라의 경험으로부터 비교법적으로 유
용한 도움을 받을 수도 있다. 입법적인 태도 전환을 두려워할 이유는 없다
고 생각된다. 오히려 새 법에 따른 명료하고 간이한 법률관계가 이후 법적
안정성에 기여하게 될 것이다.

(2) 규정의 문언

이상에서 살펴본 것과 같은 효과를 민법에서 실체법상의 효과로 어떻게
표현할 것인지의 문제는 남는다. 취소에 따라 일탈재산이 "채권자의 만족에
필요한 범위에서 그에게 제공되어야 한다"거나(독일 채권자취소법 제11조 제1
항),77) 사해행위가 "그에 대한 관계에서 대항할 수 없음을 선언"하게 한다
거나(프랑스 민법 제1341－2조), 일탈재산을 "채권자가 자신의 만족에 필요한
범위에서 자신을 위해 청구할 수 있다"거나(오스트리아 강제집행법 제447조
제1항), "취소할 수 있는 행위로 채무자의 재산을 취득한 자는 이를 반환할
의무가 있다"(스위스 강제집행·파산에 관한 연방 법률 제291조 제1항)는 등의
문언은 취소채권자가 수익자 또는 전득자를 상대로 바로 집행한다는 뜻을
반드시 명료하게 표현하고 있지는 못하다. 물론 실무가 그러한 모습으로 확
고히 운영되고 있어 의문의 여지가 전혀 없는 이 나라들에서는 이상과 같은
문언을 채택하여도 그 규율에 충분할 수도 있을 것이다. 그러나 상대적 효

---

76) 전원열, "설계", 205면 이하 및 제3장 II. 참조.
77) 김영주, 1768, 1794면은 이를 "채권자의 만족을 위하여 필요한 한도에서 처분할
    수 있어야 한다"고 번역하고 있으나 오역이다. 동법 제11조 제2항, 제13조의 번역
    에서도 마찬가지이다.

력설과 채무자 명의로의 원상회복이라는 기존의 오랜 관행을 변경해야 하는 우리 입장에서는 그러한 취지와 내용을 명료하게 표현할 수 있는 문언을 채택할 필요가 있다고 생각된다. "무효의 선언을 얻은 채권자는 취소된 행위의 목적인 재산과 관련해 수익자를 상대로 집행조치(제2910조 제2항) 또는 보전조치(제2905조)를 신청할 수 있다"는 이탈리아 민법 제2902조 제1항이 참조가 되지만, 그러한 집행이 가능하지 아니한 경우 가액반환까지는 함축할 수 없는 단점도 있다. 그렇다면 입법적으로는 양자를 종합하여, 취소가 있으면 취소된 행위에 의하여 받은 이익은 취소한 채권자의 만족을 위해 제공되어야 한다는 법률효과에 관한 원칙 규정을 두고, 이어서 그 일차적인 실행 방법으로서 취소한 채권자는 취소한 행위로 취득된 재산에 대해 집행을 함으로써 그 채권의 만족을 받는다는 내용으로 원물반환에 관한 규율을 덧붙이는 것이 적절하지 않을까 생각된다.

(3) 현행 제407조의 문제

현행 민법 제407조에 따르면 사해행위의 취소와 원상회복의 효력은 모든 채권자의 이익을 위하여 그 효력이 있다. 그러므로 사해행위 시점에 이미 채권자였던 자는[78] 취소채권자의 집행에 참여함으로써 자신의 채권의 만족을 받을 수 있다. 이 규정 자체는 취소채권자가 수익자 또는 전득자를 상대로 바로 집행할 수 있다는 규율 자체와는 충돌하지 않는다.[79] 그 경우 제407조의 효력을 받은 다른 채권자는 취소채권자가 수익자 또는 전득자에 있는 일탈재산을 공취하는 집행절차에서 집행권원을 가지고 배당을 요구하는 방법으로 만족을 받을 수 있다(제3장 I. 3. (3) 참조). 그렇기에 책임설에 따른 입법 모델을 채택하더라도 제407조가 존속하게 된다면, 다른 채권자가 배당요구를 할 것이 명백한 경우 취소채권자가 자신의 채권액을 넘어서

---

78) 大判 2009.6.23., 2009다18502, 공보 2009, 1185.

79) 전원열, "비판", 245면.

까지도 취소를 구할 수 있다는 판례80)는 여전히 의미를 가지게 될 것이다.

그러나 새로운 규정 하에서 제407조가 존속할 수 있다는 확인이 그러한 규정이 정책적으로 정당하다는 것을 의미하지는 않는다. 무엇보다 사전적으로 그 예견이 반드시 쉽지 아니한 다른 채권자들의 배당 참가 여부에 따라 취소의 범위를 결정해야 하므로 취소 판결 자체가 불확실한 요소를 안게 되고, 그 결과 사후적으로 취소채권자가 충분한 만족을 받을 수 없게 되거나 아니면 그의 만족을 넘어서는 취소가 발생할 가능성이 상존하게 된다. 이러한 결과는 채권자취소의 제도 목적에 비추어 바람직하다고 말할 수 없다. 게다가 예외적으로 원물반환이 불가능해 가액반환이 행해져야 하는 경우, 취소채권자는 다른 채권자들을 위해 자신의 피보전채권액을 넘어서는 금액을 청구해야 하는지 그리고 그렇게 수령한 금전이 있으면 이를 어떤 방법으로 분배해야 하는지 등의 복잡한 문제가 발생할 수밖에 없다. 이상의 문제들은 기본적으로 취소채권자와 수익자/전득자 사이에서 책임재산 회복을 도모하려는 채권자취소권의 기본관계에 다른 채권자들 개입시키기에 발생하는 것이다. 그러므로 개정에 당하여 제407조를 유지하는 것에는 주저되며, 이를 삭제하는 것이 바람직하다.81) 이에 대해 채권자평등주의를 들어 반대하는 지적82)은 적절하지 않다. 제407조는 연혁적으로 채권자평등주의와 직접 관련을 가지고 있지 않는 규정일 뿐만 아니라,83) 제407조를 삭제하는 입법은 채권자평등주의에 따라 일탈재산으로부터 평등한 만족을 받고자 하는 채권자가 스스로 소를 제기해 사해행위를 취소하고 집행을 시도해야 하며 단순히 타인의 취소 판결에 따른 집행에 편승할 수는 없다는 평가를 밝히고 있을 뿐이다. 그래야만 사전적으로도 취소의 범위가 명확하게 되어 채권자들의 만족을 위한 범위에서만 취소가 관철될 수 있기 때문이다.

---

80) 大判 1997.9.9., 97다10864, 공보 1997, 3051.

81) 양형우, 484면; 전원열, "설계", 199면; 최준규, "경제적 분석", 101면. 또한 제철웅, 74-75면도 참조.

82) 김재형, "개정안", 92면.

83) 이에 대해 전거와 함께 전원열, "비판", 235면 이하 참조.

사해행위 취소의 규범목적을 고려해 법률관계의 명확화를 도모하려는 시도
가 채권자평등주의에 반한다는 비판은 오해에 기초한 것으로서 적절하지
않다.

(4) 행사 및 효과의 법률관계

이상의 내용에 따른다면, 채권자는 법원에 소를 제기해 사해행위를 취소
해야 한다. 소는 형성의 소이며, 판결은 형성판결이다. 외국에는 재판 외 행
사도 허용하면서 재판상 행사와 효과에서 차등을 두는 입법도 없지 않지만
(네덜란드 민법 제3:49조, 제3:50조), 재판상 행사가 확립되어 있는 우리나라에
서 굳이 채택할 이유는 없다고 생각된다. 제407조를 삭제하므로, 이제 채권
자는 오로지 자신의 피보전채권의 범위에서만 취소를 청구할 수 있다(네덜
란드 민법 제3:45조 제4항, 독일 채권자취소법 제11조 제1항, 제13조, 오스트리아
강제집행법 제443조 제1항, 제446조 참조)

취소 판결이 있으면 사해행위는 책임법적으로 무효가 된다. 즉 실체법적
으로 재산은 수익자 또는 전득자에게 귀속하지만, 강제집행의 관점에서는
마치 채무자의 책임재산에 속하는 것으로 취급된다. 이로써 법률의 규정에
따른 타인 채무에 대한 유한책임 상태가 성립한다. 그러므로 취소채권자는
수익자 또는 전득자에 있는 일탈재산에 바로 강제집행을 하여 피보전채권
의 만족을 받아야 한다. 요컨대 채권자취소권 행사에 따른 원상회복은 원물
반환이 원칙이 된다.

한편 원물반환이 불가능한 경우, 수익자 또는 전득자는 취소채권자에게
원물반환의 가치를 반환해야 하며, 이를 명시하는 규정을 두어야 할 것이
다. 즉 보충적으로 가액반환이 이루어진다. 책임설에 따를 때, 가액반환은
취소채권자가 수익자 또는 전득자가 보유하는 일탈재산에 가지는 담보권
유사의 우선적 권한이 실현되지 않고서 소멸함으로써 성립하는 부당이득적
가액반환의 성질을 가진다(제747조 제1항 참조). 절차와 관련해 사해행위 취

소 판결은 책임법적 무효를 창출해 취소채권자에게 집행 가능성을 창출하는 것에 그치므로, 그 불능을 이유로 가액반환을 청구하려는 채권자는 취소를 구하는 소에 가액을 청구하는 이행의 소를 병합해서 청구해야 할 것이다.

그리고 이상과 같은 취소에 따른 원상회복은 부당이득적 성질을 가진다(제741조). 원물반환은 책임법적 무효에 따른 원상회복이며, 가액반환은 책임법상의 우선적 지위의 소멸을 이유로 하는 권리에 기초하기 때문이다. 그러므로 반환의 법률관계에는 부당이득 반환에 관한 제748조, 제749조를 준용하는 입법이 적절하다(2014년 개정시안 제407조의2 제2항, 독일 채권자취소법 제11조, 오스트리아 강제집행법 제447조, 스위스 강제집행·파산에 관한 연방 법률 제291조 등 참조). 특히 수익자에 악의가 없더라도 무상행위를 취소할 수 있게 하는 이상, 선의의 수익자가 사해행위 이전보다 불리한 처지에 이르지 않기 위해서는 현존이익의 한도에서만 집행을 당하거나 가액을 반환할 필요가 있는 것이다.

이상과 같은 내용에 따를 때, 종래 사해행위 취소의 효과와 관련해 제기된 난점들(제4장 I.에서 언급한 ③, ⑤, ⑥)은 이제 발생할 여지가 없게 된다.

(5) 전득자의 지위

사해행위로 일탈한 재산을 수익자로부터 양수하거나 그에 권리를 취득한 전득자의 지위에 대해 현행법은 특별한 규율을 두지 않고 문언상 수익자와 동등하게 취급하고 있었다(제406조 제1항 단서 참조). 판례는 전득자의 악의는 전득행위 당시 취소를 구하는 법률행위가 채권자를 해한다는 사실(사해행위의 객관적 요건)을 구비하였다는 것에 대한 인식을 의미한다고 해석하고 있었다.[84] 그에 따라 전득자가 수익자의 악의까지 인식해야 그의 악의가

---

84) 大判 2006.7.13., 2004다61280, 공보 2006, 1494; 2012.8.17., 2010다87672, 공보 2012, 1546.

인정되는 것은 아니며, 수익자와 전득자 사이의 법률행위가 사해행위의 요건을 갖추어야 함을 의미하는 것도 아니다. 통설의 태도도 다르지 않다.85)

그러나 이러한 해석에는 의문이 없지 않다. 예컨대 절대적으로 무효인 무권리자의 양도에서도 선의취득을 배제하는 양수인의 악의는 그의 반환의무를 발생시키는 "흠" 자체 즉 양도인의 무권리를 알았다는 사정을 의미한다. 그런데 단순히 상대적으로만 무효라는 사해의 "흠"을 가진 재산의 양도에서는 결과적으로 반환의무를 발생시키는 그러한 "흠" 자체가 아니라 그러한 "흠"을 구성하는 사정의 일부만을 알면 악의로 충분하다고 한다. 그렇다면 이는 양수인이 보다 강한 지위를 가지는 후자(상대적 무효)에서 전자(절대적 무효)보다 쉽게 악의를 인정하는 결과가 되어 평가모순이라고 볼 여지가 있다.86) 그래서 예컨대 채무자의 수익자에 대한 변제가 두 사람의 공모 사실에 비추어 사해행위로 평가되는 사안에서87) 전득자가 채무자와 수익자 사이의 공모 사실을 몰랐다면 전득자로서는 충분히 적법한 변제로 생각할 수 있었음에도 사해행위 취소의 상대방이 되는 불합리가 발생할 수 있는 것이다.88)

물론 관점에 따라서는 제406조 제1항 단서는 "전득한 자가 […] 전득 당시에 채권자를 해함을 알" 것을 요구하므로 법률의 문언상 어쩔 수 없다고 생각할지도 모른다. 그런데 독일에서의 경험을 살펴보면 그러한 이해가 반드시 필연적이지 아니하다는 것을 알 수 있다. 실제로 처음 제정된 독일 파산법(1877) 제33조 제2항 제1호와 채권자취소법(1879) 제11조 제2항 제1호는 특별승계인인 전득자에 대한 취소 요건으로 채무자가 "그 채권자들을 사해할 의도를 가지고 법적 행위를 하였다"는 사정에 대한 인식을 요구하면서 수익자의 악의 등과 관련해서는 특별한 언급을 하지 않고 있었다. 그러나 입법자의 의도는 명백히 수익자에 대한 사해행위 취소가 성립하는 때

---

85) 전거와 함께 민법주해(9), 826-827, 837면(김능환) 참조.
86) 윤진수·권영준, 541면도 참조.
87) 大判 2001.4.10., 2000다66034, 공보 2001, 1113 등 참조.
88) 我妻, 191면 참조.

에만 전득자에 대한 취소도 가능하다는 것이었다.[89] 그런데 이러한 문언은
한편으로 우리 통설·판례와 같이 수익자의 악의 등 다른 요건에 대해서는
전득자가 선의여도 사해행위 취소가 가능하다고 해석될 수 있는 여지를 남
겼을 뿐만 아니라, 반대로 증여와 같이 채무자의 사해의사도 요구되지 않는
때에도 마치 채무자 사해의사를 인식해야 한다는 것과 같은 오해를 일으켰
다.[90] 그래서 독일의 입법자는 독일 민법의 제정·시행에 맞추어 파산법과
채권자취소법을 개정하는 과정에서 전득자가 전득 당시에 "그에 선행하는
자의 취득에 취소 가능성을 성립시키는 사정을 알았을 것"을 요구하도록
개정하여 오해를 불식시켰다(1898년의 파산법 제40조 제2항 제1호, 1898년의
채권자취소법 제11조 제2항 제1호). 이 규정이 현재 채권자취소법에도 그대로
승계되어 있다(현행 채권자취소법 제15조 제2항 제1호). 그에 따라 채권자가
전득자를 상대로 취소할 수 있기 위해서는, 전득자가 수익자에 대해 취소의
요건이 모두 충족되고 있음을 알아야 하며, 전득자에 선행하는 자가 여러
명인 경우 그 전부에 대해 각각 취소의 요건이 충족되고 있음을 알아야 한
다.[91] 네덜란드 민법(동법 제3:45 제5항)과 이탈리아 민법(동법 제2901조 제4
항)도 취소는 선의취득을 방해할 수 없다고 규정해 그러한 취지를 표현하고
있으며, 프랑스 민법에서도 해석으로 같은 결과에 도달한다.[92]

실제로 우리 제406조와 같은 문언을 가지고 있는 일본 민법의 해석에서
도 우리 통설·판례와 같은 해결이 처음부터 자명한 것으로 간주된 것은 아
니었다. 예컨대 수익자가 선의이고 전득자가 악의인 경우 전득자를 상대로
사해행위를 취소할 수 있는지의 문제는 초기부터 다투어졌고,[93] 이는 전후

---

89) Hahn IV, 154.

90) Reichstagsprotokolle, 1897/98,5, S. 1019.

91) Kirchhof, § 15 Rn. 28f.

92) Sautionie-Laguionie II, n° 74. 일찍부터 확립되어 있는 해석이다. Baudry-
   Lacantinerie, n° 920.

93) 예컨대 행사할 수 있다는 해석으로 梅, 85-86면, 행사할 수 없다는 해석으로 鳩
   山, 215-216면.

그리고 최근까지도 마찬가지였다.[94] 아마도 우리 통설·판례는 모색을 거듭하고 있던 일본의 학설과는 달리 긍정설을 취하는 我妻의 견해[95]로부터 강한 영향을 받은 것이 아닌가 추측된다.

이상에서 살펴본 바에 따를 때, 전득자에 대한 관계에서 종래 판례를 변경하는 보다 상세한 규율이 필요하다는 점은 분명하다. 즉 전득자를 상대로 취소할 수 있기 위해서는 전득자가 그에 선행하는 자에 대한 관계에서 취소할 수 있음을 인식했어야 한다는 내용을 요건으로 명확히 해야 한다. 이에는 우리 도산법이 1898년의 독일 입법자의 선택을 받아들여 규정하고 있음에도 불구하고(도산 제110조, 제403조) 채권자취소와 관련해서는 다른 해석이 유지되고 있어 바람직한 법상태라고 말할 수 없다는 사실도 고려되어야 한다.[96] 더 나아가 수익자에 대한 악의 추정이 사라지므로 전득자에 대한 관계에서도 같은 규율이 타당해야 하며, 반대로 특별관계인인 수익자에 대해 악의를 추정하게 하는 사정도 전득자에 대한 관계에서 마찬가지로 인정되어야 할 것이다. 이러한 관점에서 이상의 내용을 반영하고 있는 2014년 개정시안 제407조의6의 규율은 기본적으로 수긍할 수 있는 것이라고 생각된다.

(6) 수익자·전득자의 구상

여기서 채택된 입법 모델에 따를 때, 취소의 상대방이 된 수익자 또는 전득자가 취소채권자에게 일탈재산을 반환함으로써 받은 불이익은 자신의 계약 상대방으로부터(수익자는 채무자로부터, 전득자는 수익자로부터) 회복해야 한다. 수익자 또는 전득자가 그러한 권리를 취소채권자를 상대로 예컨대 동시이행의 항변이나 상계의 형태로 주장할 수 없다는 것은 자명하다. 채권자취소권의 규범목적을 언급할 것까지도 없이, 그러한 주장의 요건 자체가 충

---

94) 於保, 198면; 中田, 258면 참조.
95) 我妻, 199면.
96) 윤진수·권영준, 542면; 김재형, "개정안", 110면.

족될 수 없다. 반면 그러한 수익자 또는 전득자는 자신의 상대방으로부터 취소채권자의 공취 권한이라는 부담이 있는 재산을 양수한 것이므로 일반적으로 권리의 하자를 이유로 하는 담보책임(제569조 이하, 제567조)이 성립할 수 있으며,[97] 그 밖에 일반 채무불이행 책임(제390조) 등도 고려된다. 그러므로 반환의무자인 수익자 또는 전득자의 구상은 민법의 일반적인 규정으로부터 가능하다. 그래서 예컨대 독일 채권자취소법(동법 제12조)이나 오스트리아 강제집행법(동법 제449조)이 "반대급부를 한 것을 이유로" 수익자는 채무자를 상대로만 청구할 수 있다고 규정할 때, 이는 도산법에서와는 달리 독자적인 구상권을 창설하는 것이 아니라 일반적인 민법 규정에 따라 성립하는 권리의 존재를 전제로 이를 채권자에게 행사할 수 없다는 점을 확인하는 것에 그친다고 이해되고 있다.[98]

물론 이에 더하여 채무자회생 및 파산에 관한 법률 제109조, 제398조, 제399조와 같은 규정을 두어 추가적인 구제수단을 부여할 필요가 있는지의 쟁점은 제기될 수 있다. 2014년 개정시안은 그러한 규정을 도입하기로 하였는데(동 시안 제407조의5), 이는 개정시안이 유지하고 있는 취소의 상대적 무효를 전제로 할 때 그 효력이 미치지 않는 채무자를 상대로 수익자의 구제수단이 성립하기 위해서는 그러한 창설적 취지의 규범이 필요하였기 때문이었다.[99] 그러나 책임설에 따라 수익자가 채무자를 상대로 담보책임을 물을 수 있는 법률관계가 성립하는 입법모델에서는 새삼 권리를 창설하기 위해 그러한 규정이 필요하지는 않다. 그러므로 도산법에서와 같은 규정을 채권자취소권과 관련해 둘 것인지의 문제는 민법에 따라 당연히 성립하는 담보책임에 기한 권리에 더하여 추가적인 구제수단을 부여할 것인지 여부

97) Kirchhof, § 15 Rn. 17; Sautionie-Laguionie II, n° 113 등. 우리 민법이 적용될 때 법률관계에 대해서는 우선 제3장 II. 6. 참조.
98) Hahn IV, 745. Kirchhof, § 15 Rn. 17 참조. 그러므로 채무자회생 및 파산에 관한 법률 제399조와 같은 규정을 독일 채권자취소법도 두고 있다고 서술하는 김재형, "개정안", 107면은 오해에 기초한 부정확한 서술이다. 김영주, 1794면의 번역도 그러한 오해에 따른 것이다.
99) 윤진수·권영준, 538면.

이다.

정책적으로 이는 굳이 필요하지 않다고 생각된다. 우선 반대급부 반환청구권과 관련해 살펴본다면, 이는 한편으로 이론적인, 다른 한편으로 실천적인 고려에 기초해 정당화된다. 전자와 관련해, 도산법에서는 채무자의 지위를 갈음하는 관리인 내지 파산관재인이 부인권을 행사하고 수익자는 재산을 바로 그에게 반환한다.100) 따라서 여기서는 채무자＝관리인/관재인과 수익자 사이의 거래에서 일방의 급부가 법률상 반환되므로 견련관계의 고려에 기초해 수익자에게 부당이득적 성질을 가지는 반대급부 반환청구를 인정하여도 부자연스럽지 않다. 그러나 책임설적 입법모델에 따른 채권자취소권에서 수익자는 재산을 채무자가 아닌 취소채권자에게 반환하게 되고 채무자와의 사이의 법률관계는 계속 유효한 것으로 취급된다. 그러므로 채무자와 수익자 사이의 거래는 법률상 원인으로 계속 존속하고 있으며, 단순히 취소채권자 집행에 따른 권리의 하자만이 문제될 뿐이다. 여기서 부당이득적 성질을 가지는 반환청구를 도입하는 것은 법적으로 불가능한 것은 아니지만 어색해 보인다. 그리고 바로 여기에서 실천적인 측면의 고려 즉 실익이라는 쟁점이 등장한다. 도산법에서 그러한 반환청구가 인정되어 실익을 가지는 이유는 수익자의 반환청구권이 공익채권 내지 재단채권으로 취급되기 때문이다. 그러나 채권자취소권에서는 수익자가 가지는 담보책임에 따른 권리에 더해 청구권 경합관계에 들어가는 반환청구권이 더해질 뿐, 도산법에서와 같은 그러한 우선적 효과는 발생하지 않는다. 그렇다면 실천적 의미를 가지지 않는 그러한 반환청구권을 굳이 추가적으로 인정할 이유는 무엇인지의 의문을 피하기 어렵다.101)

---

100) Hahn IV, 745.
101) 물론 이렇게 되면 부인권의 수익자는 자신이 반환한 급부로부터 도산채권자로서 일부 만족을 회복할 가능성이 있으나 채권자취소권의 수익자는 채무자를 상대로 그러한 가능성을 가질 수 없으므로 후자가 전자에 비해 불리하게 취급된다는 결과가 발생하기는 한다. 그러나 이 난점은 사해행위 취소의 수익자에게 채무자를 상대로 하는 반대급부 반환청구권을 인정하여도 그에 우선적 지위를 부여할 수 없으므로 해결될 수 없다. 독일의 입법자는 실효적인 채권자취소를 위해 그러한

마찬가지로 채무자의 채무소멸행위가 취소되는 경우 소멸한 것으로 취급
되었던 수익자의 채권이 원상으로 회복된다는 결과도 해석상 당연히 인정
될 수 있으므로 굳이 명문의 규정이 없더라도 난점은 발생하지 않을 것으로
예상된다. 소멸한 채권이 어떻게 "부활"할 수 있는가 하는 개념법학적 사고
에 집착하지만 않으면 그러한 해석은 이익상황으로부터 자연스럽게 도출된
다. 물론 수익자가 일탈재산을 채권자에게 반환한 시점에 채권이 소급적으
로 회복되며, 부활하게 될 채권을 이유로 취소채권자에게 반환을 거부하거
나 분담을 요구할 수는 없다.[102]

결과를 감수하였다. Hahn IV, 745 참조. 이 문제에 대해 Koziol, S. 70ff.;
Huber, § 12 Rn. 7f. 참조.
[102] Hahn IV, 769 참조.

제5장

요약과 개정 제안

요약과 개정 제안

I. 본문의 요약

이 책에서 주장된 핵심적인 내용을 요약하면 다음과 같다.

1. 사해행위의 판단

(1) 통설 그리고 판례의 일반론이 사해행위 판단을 위해 사용하는 이원적 기준, 즉 객관적 사해성으로서 채무초과 상태의 창출·강화 및 주관적 사해성으로서 채무자의 인식(제2장 I. 1.)은 현재 재판례에서 행해지고 있는 실제 사해행위 판단과 현저하게 괴리되어 있다(제2장 I. 2. (1)). 이러한 괴리는 의식되지 않는 경우도 빈번하며, 이를 해명하거나 정당화하려는 시도도 좀처럼 발견되지 않는다(제2장 II. 2. (2)).

(2) 이러한 괴리의 원인은 1990년대 후반 사해행위 취소 사건의 폭발적인 증가에 상응해 판례가 일본의 상관관계설적 재판례로부터 영향을 받았음에도 불구하고, 학설과 법원은 이 사실을 충분히 인지하고 있지 못하고 있었다는 사실에 있다(제2장 I. 2. (3)).

(3) 이러한 괴리를 해소하기 위해서는 사해행위 판단 기준을 새로이 해석할 필요가 있다(제2장 I. 3.). 이를 위해 ① 객관적 사해성을 취소의 효력을 받는 채권자의 피보전채권 만족을 저해하는 집행 가능 재산의 감소라고 이해하고(제2장 II. 1. (1)), ② 주관적 사해성을 채무자의 인식과 의욕으로 파악하되 인식으로 의욕이 추정되는 것으로 설명하며(제2장 II. 1. (2)), ③ 채무자의 법률행위와 다른 사정이 결합하여 사해적 결과가 발생하는 간접적 (객관적) 사해성의 개념을 인정한다(제2장 II. 1. (3)). 이러한 새로운 접근에 의해 종래 재판례는 이제 일관성 있게 분석·해명될 수 있다(제2장 II. 2.).

2. 채권자취소권의 행사와 효과

(1) 현재 채권자취소권의 행사와 효과에 관한 판례는 이론적으로 그리고 실천적으로 심중한 난관에 직면하고 있다(제3장 I. 1. (1)). 이른바 상대적 효력설에 따른 해결은 재판례에서 적지 않은 모순된 결과에 이르고 있다(제3장 I. 1. (2)). 이는 기존의 학설과 판례가 취소의 상대효를 전제로 하면서도 그와 상충될 수밖에 없는 채무자 명의로의 재산 복귀를 명하고 있었기 때문이며, 이로써 채권자취소권의 규범목적을 넘어서는 결과가 발생한다(제3장 I. 2. (1), (2)). 현재의 이러한 불만족스러운 상태는 채권자취소권을 책임설에 따라 재해석할 때 극복될 수 있다(제3장 I. 3. (1)). 취소채권자의 지위는 담보권자에 준하여 담보권 집행의 규율을 유추함으로써 관철될 수 있으며, 강제집행 수인의 소는 필요하지 않다(제3장 I. 3. (2)). 이러한 해석에서 제407조의 존재는 장애가 되지 아니한다(제3장 I. 3. (3), 제4장 II. 5.).

(2) 이러한 제안에 따를 때, 채권자취소권은 책임법적 형성권이고, 채권자취소의 소는 형성의 소이며, 행사의 상대방은 수익자 또는 전득자이다(제3장 II. 1. (1), (2)). 취소는 일부취소가 원칙이다(제3장 II. 1. (3)).

(3) 이러한 관점에 따라 채권자취소권의 원상회복으로서 원물반환 방법은 사안 유형에 따라 설명될 수 있다(제3장 II. 2.). 원물반환이 가능하지 않으면 가액반환이 인정됨은 물론이다(제3장 II. 3.). 취소채권자와 수익자·전득자의 고유채권자 사이에서는 취소채권자가 우선한다(제3장 II. 4.). 수익자의 구상은 권리의 하자를 이유로 하는 담보책임에 의해 가능하다(제3장 II. 6.).

(4) 책임설에 따르더라도, 도산절차에서 부인권 행사에 따른 원상회복에서는 종래의 해법이 그대로 인정된다(제3장 III.).

3. 입법론

(1) 채권자취소권의 개정에서 사해행위의 요건을 구체화해 규정할 필요가 있다(제4장 II. 1. (1)). 이를 위해 객관적 사해성을 '취소의 효력을 받는 채권자의 피보전채권 만족을 저해하는 집행 가능 재산의 감소'로 정의하고(제4장 II. 1. (2)), 채무자의 사해의사로 인식 외에 사해의 의욕을 포함하는 고의를 요구하며(제4장 II. 1. (3)), 채무자 행위가 다른 사정과 결합해 사해의 결과가 발생하는 경우에도 사해성을 긍정할 수 있는 문언을 채택해야 한다(제4장 II. 1. (4)). 그밖에 사해행위에 법률행위 외의 채무자의 다른 법적 행위도 포함되도록 한다(제4장 II. 1. (5)).

(2) 수익자 또는 전득자의 악의는 추정하지 않는 방향으로 개정하나, 특수관계인의 경우 도산법에 준하여 악의를 추정한다(제4장 II. 2.). 그리고 무상행위가 문제되는 경우, 채무자와 수익자의 주관적 행태를 고려하지 않고 취소를 허용한다(제4장 II. 2.).

(3) 통설·판례의 상대적 무효 구성을 포기하고, 승소한 취소채권자가 수

익자 또는 전득자에게 있는 일탈재산에 대해 바로 집행하는 방법으로 취소
의 효력을 규정한다(제4장 III. 1., 2. (4)). 그 집행절차에는 담보집행에 관한
규정을 준용한다(제4장 III. 2. (1), (2)). 그러한 집행이 가능하지 않은 경우,
가액배상이 인정된다(제4장, III. 2. (4)). 현행 제407조는 삭제한다(제4장 III.
2. (3)).

(4) 전득자를 상대로 하는 취소는 전득자가 자신에 선행하는 자들의 취소
원인을 모두 알고 있었던 때에만 허용하며, 이에는 앞서 3. (2)의 내용도
반영한다(제4장 III. 2. (5)).

(5) 재산을 반환한 수익자가 채무자를 상대로 가지는 구제수단에 대해서
는 별도로 규정하지 않는다(제4장 III. 2. (6)).

II. 개정 제안

이 책에서 제안된 내용에 따른 구체적인 개정 제안은 다음과 같다.

민법 제406조(채권자취소권)

① 채무자가 고의로 재산권을 목적으로 하는 행위를 함으로써 그 결과로
채권자가 집행할 수 있는 재산을 감소시켜 그의 만족을 저해한 경우, 그
행위로 이익을 받은 자가 행위 당시에 채권자를 해함을 안 때에는 채권자
는 만족이 저해되는 범위에서 이익을 받은 자를 상대로 그 행위의 취소를
법원에 청구할 수 있다.
② 제1항의 이익을 받은 자가 채무자회생 및 파산에 관한 법률 제101조
제1항이 정하는 특수관계에 있는 자인 때에는 행위 당시에 채권자를 해함
을 안 것으로 추정한다.
③ 제1항에서 채무자가 무상행위 또는 이와 동일시할 수 있는 유상행위에
의해 채권자가 집행할 수 있는 재산을 감소시켜 그의 만족을 저해한 경우

에는 채무자나 그 행위로 이익을 받은 자가 행위 당시에 채권자를 해함을 알지 못한 때에도 그 취소를 청구할 수 있다.

④ 제1항의 소는 채권자가 취소 원인을 안 날로부터 1년, 행위가 있은 날로부터 5년 내에 제기해야 한다.

민법 제407조(채권자취소의 효과)

① 제406조에 따른 취소가 있으면 취소된 행위로부터 받은 이익은 취소한 채권자의 만족을 위해 제공되어야 한다.

② 취소한 채권자는 이익을 받은 자를 상대로 취소한 행위로 취득된 재산에 대해 집행을 함으로써 그 채권의 만족을 받는다. 그러한 집행이 가능하지 않거나 현저히 곤란한 때에는 그 가액이 배상되어야 한다.

③ 전2항의 경우 제748조, 제749조를 준용한다.

민법 제407조의2(전득자에 대한 채권자취소권)

다음 각호의 어느 하나에 해당하는 경우 채권자는 이익을 전득한 자에 대해서도 채권자취소권을 행사할 수 있다.

1. 전득한 자에 선행하는 모든 자에게 취소의 원인이 있고, 전득한 자가 전득 당시에 이를 안 때. 다만 전득한 자가 채무자회생 및 파산에 관한 법률 제101조 제1항이 정하는 특수관계에 있는 자인 때에는 전득 당시에 선행하는 모든 자에 대하여 취소의 원인이 있음을 안 것으로 추정한다.

2. 전득한 자가 무상행위 또는 그와 동일시할 수 있는 유상행위로 인하여 전득한 경우에는 선행하는 모든 자에 대하여 취소의 원인이 있는 때

민사집행법 제274조의2(채권자취소에 따른 집행)

민법 제407조 제2항에 따른 취소한 채권자의 집행에는 제264조 내지 제270조, 제273조, 동산·채권 등의 담보에 관한 법률 제21조 제1항, 제22조를 준용한다. 이 경우 취소를 명하는 판결 및 채무자에 대한 집행권원을 담보권의 존재를 증명하는 서류로 본다.

참고문헌

곽윤직 편집대표, 민법주해[IX], 1995. [민법주해(9)]

곽윤직 편집대표, 민법주해[XIV], 1997. [민법주해(14)]

곽윤직, 채권총론, 신정판, 1994. [곽윤직, 신정판]

곽윤직, 채권총론, 제6판, 2003. [곽윤직]

노영보, 도산법 강의, 2018. [노영보]

김능환, "채권자취소권의 행사방법", 민사재판의 제문제, 제6권, 1991. [김능환]

김대정·최창렬, 채권총론, 2020. [김대정·최창렬]

김미리, "사해행위의 판단 기준과 대물변제의 사해성 판단", 대법원판례해설, 제
    85호, 2010. [김미리]

김민동, 이탈리아 채권법, 2011. [김민동]

김상용, 채권총론, 제3판, 2016. [김상용]

김영주, "독일의 채권자취소법과 채권자취소소송", 비교사법, 제24권 제4호,
    2017. [김영주]

김용담 편집대표, 주석 민법 채권총칙(2), 제4판, 2013. [주석 채총(2), 제4판]

김용덕 편집대표, 주석 민법 채권총칙(2), 제5판, 2020. [주석 채총(2)]

김욱곤, "채권자취소권의 요건론 재고", 저스티스, 제58호, 2000. [김욱곤]

김재형, "채권자취소권의 본질과 효과에 관한 연구", 민법론 II, 2004. [김재형,
    "본질과 효과"]

김재형, "채권자취소권에 관한 민법개정안", 민사법학, 제68호, 2014. [김재형,
    "개정안"]

김증한·김학동, 채권총론, 제6판, 1998. [김증한·김학동]

김창종, "채권자취소권 행사에 의한 원상회복의 방법 및 내용", 사법논집, 제26집,
    1995. [김창종]

김형배, 채권총론, 제2판, 1998. [김형배]

김형석, 담보제도의 연구, 2021. [김형석, 담보제도의 연구]

라렌츠, "방법론적인 문제로서 법관의 법형성"(김영환 역), 한양대 법학논총, 제25
　집 제1호, 2008. [라렌츠]

민의원 법제사법위원회 민법안소위, 민법안심의록, 상권, 1957. [민법안심의록, 상
　권]

민일영 편집대표, 주석 민사집행법(6), 제4판, 2018. [주석 민집(6)]

박상옥·김대휘 편집대표, 주석 형법 총칙(1), 제3판, 2020. [주석 형총(1)]

박희호, "채권자취소권의 법적 성격에 관한 연구", 외법논집, 제44권 제4호, 2020.
　[박희호]

법원행정처, 법원실무제요 민사집행[II], 2014. [법원실무제요 민사집행[II]]

서광민, "채권자취소권의 법적 구성", 민법의 기본문제, 2006. [서광민]

서호준, "국내외 개정논의 고찰을 통한 채권자취소권제도의 입법론 검토", 명지법
　학, 제14호, 2015. [서호준]

송덕수, 채권법총론, 제6판, 2021. [송덕수]

신지혜, "사해행위취소권에 관한 일본 개정 민법상 쟁점과 시사점", 민사법학, 제
　83호, 2018. [신지혜]

양형우, "채권자취소권에 관한 민법 개정안의 검토", 민사법학, 제69호, 2014. [양
　형우]

오시영, 채권자취소권, 2010. [오시영]

오영준, "사해행위 취소의 효력이 미치는 채권자의 범위", 민사판례연구[XXVI],
　2004. [오영준]

유병현, "채권자취소소송에 관한 연구", 고려대학교 박사학위 논문, 1993.

윤진수·권영준, "채권자취소권에 관한 민법 개정안 연구", 민사법학, 제66호,
　2014. [윤진수·권영준]

윤진수, "판례의 무게", 판례의 무게, 2020. [윤진수]

이계정, "채권자취소권의 주관적 요건으로서의 사해의사에 관한 연구", 사법논집,
　제40집, 2005. [이계정, "사해의사"]

이계정, "민법 제407조(채권자평등주의)의 법률관계에 관한 연구", 사법논집, 제

47집, 2008. [이계정, "제407조"]

이덕환, 채권총론, 전정판, 2014. [이덕환]

이동진, "채권자취소권의 법적 성질과 그 구성", 저스티스, 제174호, 2019. [이동진, "채권자취소권"]

이동진, "부당이득 반환청구권의 도산절차상 지위", 민사재판의 제문제, 제27권, 2020. [이동진, "부당이득"]

이상영·김도균, 법철학, 2006. [이상영·김도균]

이순동, "사해행위취소권에 관한 일본 민법 개정안의 연구", 법조, 제65권 제1호, 2016. [이순동, "연구"]

이순동, 채권자취소권, 제3판, 2017. [이순동]

이우재, "사해행위 취소의 효력과 배당절차에서의 취급", 재판자료, 제117집, 2009. [이우재]

이은영, 채권총론, 제4판, 2009. [이은영]

이재열, "채권자취소권의 요건에 대한 재해석", 민사법학, 제41호, 2008. [이재열]

임채웅, "사해행위와 편파행위에 관한 연구", 저스티스, 제94호, 2006. [임채웅]

장재현, 채권법총론, 2006. [장재현]

전원열, "채권자취소권의 효력론 비판 및 개선방안", 저스티스, 제163호, 2017. [전원열, "비판"]

전원열, "사해행위취소 제도의 새로운 설계", 민사법학, 제93호, 2020. [전원열, "설계"]

정기웅, 채권총론, 2009. [정기웅]

제철웅, "채권자취소 제도의 해석상 문제점과 입법적 개선 방안", 서울대 법학평론, 제7권, 2017. [제철웅]

조해섭, 채권자취소권법, 2019. [조해섭]

주선아, "일부 채권자에게 기존채무의 이행과 관련하여 다른 채권을 양도하는 경우 사해성 판단", 민사판례연구[XXXV], 2013. [주선아]

최은석, "사해행위 취소에서 원상회복의무의 내용과 등기상 이해관계 있는 제3자의 승낙의무", 서울대 법학, 제62권 제1호, 2021. [최은석]

최준규, "사해행위의 수익자에 대하여 도산절차가 개시된 경우의 법률관계", 서울
대 법학, 제61권 제2호, 2020. [최준규, "도산절차"]

최준규, "채권자취소권의 경제적 분석", 저스티스, 제177호, 2020. [최준규, "경제
적 분석"]

하현국, "채권자취소로 인한 가액배상과 취소채권자의 우선변제", 민사재판의 제
문제, 제19권, 2010. [하현국]

한불민사법학회, 개정 프랑스 채권법 해제, 2021. [한불민사법학회]

Basler Kommentar zum Bundesgesetz über Schuldbetrieung und Konkurs II, 2.
Aufl., 2010. [Basler/Bearbeiter]

Baudry－Lacantinerie, *Précis de droit civil*, tome 2e, 8e éd., 1903.
[Baudry－Lacantinerie]

Baur/Stürner, *Sachenrecht*, 18. Aufl., 2009. [Baur/Stürner]

Blomeyer, *Zivilprozeßrecht Vollstreckungsverfahren*, 1975. [Blomeyer]

Burgerlijk Wetboek. Tekst & Commentaar, Boeken 3, 4, 5 en 6, Dertiende
druk, 2019. [BWTC/bewerker]

Cosack, *Das Anfechtungsrecht der Gläubiger eines zahlungsunfähigen
Schuldners*, 1884. [Cosack]

Esser, *Vorverständnis und Methodenwahl in der Rechtsfindung*, 1972. [Esser,
Vorverständnis]

Esser, *Wege der Rechtsgewinnung*, hrsg. von Häberle/Leser, 1990 [Esser,
Wege]

Gaul/Schilken/Becker－Eberhard, *Zwangsvollstreckungsrecht*, 12. Aufl., 2010.
[Gaul/Schilken/Becker－Eberhard]

Gerhardt, Die s*ystematische Einordnung der Gläubigeranfechtung*, 1969.
[Gerhardt]

Henckel, "Grenzen der Vermögenshaftung", *Juristische Schulung* 1985, 836.
[Henckel, "Grenzen der Vermögenshaftung"]

Henckel, *Anfrechtung im Insolvenzrecht*, 2008. [Henckel]

Huber, *Anfechtungsgesetz*, 11. Aufl., 2016. [Huber]

Jauernig, *Bürgerliches Gesetzbuch*, 17. Aufl., 2018. [Jauernig/Bearbeiter]

Kirchhof, *Münchener Kommentar zum Anfechtungsgesetz*, 2012. [Kirchhof]

Koziol, *Grundlagen und Streitfragen der Gläubigeranfechtung*, 1991. [Koziol]

Larenz, *Kennzeichnen geglückter richterliche Rechtsfortbildung*, 1965. [Larenz]

Mazeaud et Chabas, *Leçons de droit civil*, tome II: Obligations, 9e éd., 1998. [Mazeaud et Chabas]

Paulus, "Sinn und Formen der Gläubigeranfechtung", *Archiv für die civilistische Praxis* 155 (1956), 277. [Paulus]

Pißler, *Gläubigeranfechtung in China*, 2008. [Pißler]

Rosenberg/Schwab/Gottwald, *Zivilprozessrecht*, 17. Aufl., 2010. [Rosenberg/ Schwab/Gottwald]

Sautionie－Laguionie, *La fraude paulienne*, 2008. [Sautionie－Laguionie I]

Sautionie－Laguionie, "Action paulienne", *Répertoire de droit civil*, 2016. [Sautionie－Laguionie II]

Schulz, "System der Rechte auf den Eingriffserwerb", *Archiv für die civilistische Praxis* 105 (1909), 1. [Schulz]

Terré, Simler, Lequette et Chénedé, *Les obligations*, 12e éd., 2018. [Terré, Simler, Lequette et Chénedé]

Uhlenbruck, *Insolvenzordnung*, 14. Aufl., 2015. [Uhlenbruck/Bearbeiter]

Vaquer, "Traces of Paulian Claim in Community Law", Schuze ed., *New Features in Contract Law*, 2007. [Vaquer]

Welser/Zöchling－Jud, *Bürgerliches Recht*, Band II, 14. Aufl., 2015. [Welser/Zöchling－Jud]

伊藤眞 外, 條解 破産法, 2010. [伊藤 外]

梅謙次郎, 民法要義, 訂正增補十九版, 1909. [梅]

於保不二雄, 債權總論, 新版, 1972. [於保]

佐藤岩昭, 詐害行爲取消權の理論, 2001. [佐藤, 詐害行爲取消權]

潮見佳男, 債權總論 II, 第3版, 2005. [潮見]

潮見佳男, 民法(債權關係)改正法の槪要, 2017. [潮見, 改正法]

下森定, 詐害行爲取消の硏究, 2014. [下森]

中田裕康, 債權總論, 第三版, 2013. [中田]

中野貞一郎, "債權者取消訴訟と强制執行", 過失の推認, 增補版, 1987(처음에는 訴訟關係と訴訟行爲, 1961에 수록). [中野]

鳩山秀夫, 增訂改版 日本債權法(總論), 1925. [鳩山]

平井宜雄, 債權總論, 第二版, 1994. [平井]

我妻榮, 新訂 債權總論, 1964. [我妻]

사항색인

저자약력

김형석
서울대학교 법과대학 졸업(학사)
서울대학교 대학원 법학과(석사)
독일 트리어(Trier) 대학교(석사, 박사)
현: 서울대학교 법학전문대학원 교수

저서 및 논문
Zessionsregreß bei nicht akzessorischen Sicherheiten (Duncker & Humblot, 2004)
주석 민법 물권(1) (제4판 2011; 제5판 2019) (공저)
민법 III: 권리의 보전과 담보 (2012; 제2판 2015; 제3판 2018; 제4판 2021; 제5판 2023) (공저)
사용자책임의 연구 (2013)
담보제도의 연구 (2021)
민법주해[II] 제2판 (2022) (공저)
계약자유와 계약책임 (2024)
"동기착오의 현상학" "유언집행의 기초연구" 등 논문 다수

서울법대 법학총서 20
채권자취소권의 연구

초판발행	2025년 1월 7일
지은이	김형석
펴낸이	안종만 · 안상준
편 집	윤혜경
기획/마케팅	조성호
표지디자인	BEN STORY
제 작	고철민 · 김원표
펴낸곳	(주) **박영사**
	서울특별시 금천구 가산디지털2로 53, 210호(가산동, 한라시그마밸리)
	등록 1959. 3. 11. 제300-1959-1호(倫)
전 화	02)733-6771
f a x	02)736-4818
e-mail	pys@pybook.co.kr
homepage	www.pybook.co.kr
ISBN	979-11-303-4818-6 94360
	979-11-303-2631-3 (세트)

정 가	20,000원